経済
人類学
入門

Introduction to
Economic Anthropology

【理論的基礎】

___

鈴木康治

作品社

はじめに

　海外旅行に行く。工場見学に行く。仕事で出張に行く。これらの経験はみな、多かれ少なかれ異文化との接触という要素を含んでいる。日常の生活から離れて知らない場所に行く。そこで現地の人びとがやっている仕事や遊びの様子を眺めたり、実際に自分も一緒にやってみたりすることはとても楽しい経験である。こうした異文化との接触の中では、「それが私たちのやり方です」という言葉を耳にすることが多いであろう。もちろん実際の言い方やニュアンスなどは多様である。誇らしげにこの言葉をいう人もいる。あるいは少し戸惑いながら話す人もいるであろう。いずれにしても、自分たちの仕事や遊び、さらには礼儀作法や言葉づかいなどを説明するときに、しばしばこの言葉が使われる。

　ごくおおざっぱにいえば、経済人類学とはこの「私たちのやり方」を研究する学問である。ただし、経済人類学は社会の中に見出される様々な「私たちのやり方」を手段と目的という視点、すなわち手段-目的関係から分析し理解することを目指している。手段-目的関係とは、人間が自己を取り巻く種々雑多なものごとを手段と目的という関係性において認識することである。例えば、東京から大阪に行きたいとする。ここでは、大阪に辿り着くということが「目的」になる。そして、その目的を達成するための移動に関する様々なものごと（電車に乗る、飛行機に乗る、車をレンタルする、歩いていくなど）が「手段」となる。この視点からすると、「私たちのやり方」を知ることは、現地で行われている特定の手段-目的関係を理解することを意味する。経済人類学は「私たちの」という部分と「やり方」という部分のそれぞれにこだわりながら、なぜその手段-目的関係が採用されているのか、あるいは、なぜその他の手段-目的関係は考慮されないのか、という問題を考える学問であるということができる。

1

本書は経済人類学の入門書である。大学等の履修科目として、初め
て経済人類学を学ぼうとする学生を主な読者として想定している。た
だし、経済人類学という学問分野に興味を持ち、これから独学で学ぼ
うという一般の読者にも適した内容となっている。

　経済人類学は学際性の強い分野である。そのため本書は、内容的に
見ると隣接諸分野の概念や理論などを多く含んでいる。経済人類学に
は学問分野としての成り立ちやその後のアカデミックな展開において、
隣接諸分野との対話を積極的に行ったという経緯がある。結果として、
今日の経済人類学は思想的背景や方法論に関する多様な学問的要素を
取り込むこととなった。経済人類学を学ぶとき、他の諸学問とのつな
がりや影響関係を捨象することはできない。

　そもそも概念や理論や方法論などに関して、その学問的由来に過度
にこだわることは無意味である。それらが研究対象の理解のための道
具立てとして有用であれば積極的に利用すればよい。これが本書の考
え方である。本書はしたがって、学問的基盤や思想的系譜という点で
は、経済人類学の学問としての独自性にこだわっていない。

　しかしそれは、一個の学問分野として経済人類学を見ることに意味
がないということではない。学問分野の独自性はその道具立てにある
わけではない。それは問いの立て方に見出すべきものである。そして
問いの立て方の独自性という点からいえば、経済人類学には確かに一
個の学問分野としての資格があるといえる。

　経済人類学の問いの立て方とはどのようなものか。一言で述べると
すれば、それは「人間の経済の総体性」について問うことである。こ
の問いの立て方こそが経済人類学の独自性を支える根幹である。それ
は人間の経済生活を歴史的にも論理的にも相対化して捉え返すことに
つながる。本書を通じて、経済生活にまつわる諸問題を人間の経済の
総体性という視点から考察することの意義や楽しさを少しでも感じて
もらえたら幸いである。

　外国語文献は邦訳のあるものを中心に取り上げている。本書に続い
て、それらの訳書にもぜひ取り組んでもらいたい。なお、本文中の外

国語文献からの引用は、一カ所を除き、すべて訳書からの抜粋である。ただし、訳文については一部変更しているところがある。

　最後に、本書の出版にあたって、作品社の福田隆雄さんに心よりお礼を申し上げる。福田さんには企画の段階から長い間、本書に携わって頂いた。

　　　　　　　　　　　　　　　　2020年8月　　鈴木康治

目次

序論

◆人間の経済とは何か

　経済生活は人間が生きていくうえで不可欠の営みである。経済生活とはまた、人間の社会（共同体）を継続的に維持していくための物質的基礎を確保する活動でもある。経済生活にまつわる諸個人の様々な行為や人間関係および経済生活を取り巻く種々の制度や社会構造の総体を「人間の経済」と呼ぶとすれば、この人間の経済を研究対象とする学問が経済人類学である。経済人類学は人間の経済に関する営みを社会総体から分離して考察するのではなく、社会や人間関係の総体性の中で捉える。さらにその特徴を挙げれば、経済の領域は社会総体の中にいわば埋め込まれて存在するとの考え方を方法論の基礎に据えつつ、人間の経済の文化的意味や社会全体に対する機能などを広い視野のもとに把握しようとする。

　経済人類学という名称にこだわって学問としての特徴をもう少し考えてみよう。経済人類学は言語人類学、社会人類学、医療人類学、環境人類学などと並ぶ人類学の下位分野であるとひとまずは形式的にいうことができる。あるいは人類学を自然人類学と文化人類学とに大別した場合、文化人類学の下位分野であるということもできる。いずれにしても経済人類学が人類学の一部であるならば、「人間らしさ」とは何かという人類学の根本的な問いを経済人類学も引き継いでいる。

　一方、「経済」という語においては当然に、経済とは何かという根本的な問いが含まれる。経済人類学はその学問分野の確立の歩みにおいて、経済学、経済社会学、経済史など経済の諸問題を扱う隣接分野との対話を通じて方法論や概念を錬成してきたという経緯がある。

　つまり経済人類学の問いとは、「人間らしさ」と「経済」という2つの根本的な問いを連結するところに成り立つ。突き詰めれば、それは「人間の経済とは何か」という問いとなる。

　本書の学習を通して、経済人類学がこれまでに取り組んできた様々な問題の広がりを知ることができる。そのとき、人間の経済の総体性を経済人類学が重視している理由も見えてくるであろう。

> 人間らしさとは何か & 経済とは何か ⇒ 人間の経済とは何か

◆理論的構図

　入門書によっては、自然科学と社会科学と人文科学のすべてを統合するような学問全体の基盤的分野として経済人類学を位置づけている。経済人類学とは、人類学や経済学の中のたんなる一科目ではなく、さらには2つの学問分野を単純に架橋するだけの学際的分野でもないとの強い自負や期待がそこには込められている。しかし本書においては、人類学と経済学さらには社会学をも架橋する一個の学際的な学問分野として経済人類学を捉える立場を採用する。経済人類学は、一方で人類学から総体的把握と広範的比較という人間らしさの探求に係わる方法論を受け継ぎ、他方で経済の主題に関して、経済学や社会学から手段-目的関係という思考様式に関する行為論の分析枠組みを受け継いでいるからである。

　経済人類学はこれまで、人間の経済に対してどのような問いを立ててきたのか。人間の経済に対する問いの系譜について学ぶことは、経済人類学がこれまでに手にした理論的地平について学ぶことである。まずは、その理論的系譜を学ぶための補助線として、理論や方法論の背景となっている4つの主要な思想的潮流の類型を見ていこう。

　栗本慎一郎は経済人類学を日本の学界に紹介し、この分野への関心を高めることに貢献した1人である。栗本は『経済人類学』の中で、経済人類学の種々の理論的系譜の背後には4つの思想的潮流があることを指摘している。栗本の整理によると、経済人類学には、①経済民族誌および機能主義経済人類学、②新マルクス派経済人類学、③純粋フォーマリスト、④サブスタンティビスト（ポラニー派経済人類学）という4つの思想的潮流があるとされる。また、R. ウィルクとL. クリゲットは『経済と文化』の中で経済人類学の理論的系譜を大まかに3つに整理している。要約すると、①利害打算の理論、②社会紐帯の理論、③道徳信念の理論という3つの理論的系譜があるとされる。これから

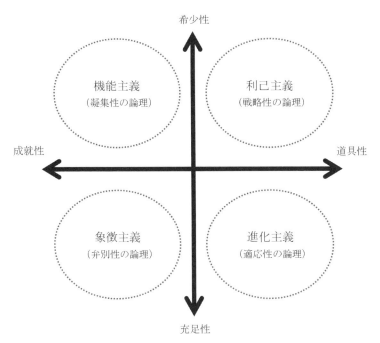

希少性

機能主義
(凝集性の論理)

利己主義
(戦略性の論理)

成就性　　　　　　　　　　　　　　　　　道具性

象徴主義
(弁別性の論理)

進化主義
(適応性の論理)

充足性

図 0-1　現代経済人類学の理論的構図

紹介する経済人類学の構図は、これら従来の整理図式の知見を踏まえ、内容をさらに発展させたものである。

　現代の経済人類学の全体像を俯瞰しようとするとき、思想的潮流を次の4つの類型に整理すると分かりやすい。①利己主義、②機能主義、③象徴主義、④進化主義である。これらを2つの軸に沿って整理した図を見てみよう（図0-1）。類型間の関係性の全体が現代経済人類学の理論的構図を表している。4つの類型は2つの軸を基準に区分される。2つの軸は手段-目的関係との係わりに照らして作られている。1つは道具性と成就性を両極とする「目的」の軸である。もう1つは希少性と充足性を両極とする「手段」の軸である。この2つの軸を使うと、手段-目的関係を基準にして、現代経済人類学に影響を与えている主な思想的潮流や理論的系譜を類型化することができる。なお、S.

グードマンは『人類学と経済』の中で、経済の作用の多元的性質を指摘したうえで、その作用の仕組みを、自己利害（道具的行為）と相互依存性（非道具的行為）との相互作用、および家政と市場との相互作用という2つの軸に照らして分析するための理論的枠組みを提示している。本書の2つの軸は、グードマンのこの理論的枠組みを下敷きにしている。

　目的と手段に関するこの4つの方向性はそれぞれ、分析視点の特徴を表すものである。目的（の実現）の道具性に着目する視点は、行為の成果という側面から利得の追求やリスクの回避などの諸問題を取り扱うことを可能にする。一方、目的の成就性に着目する視点は、行為の完遂や様式という側面から意味の疎通や共有、あるいは人間関係の反復や強化などの諸問題を取り扱うことを可能にする。また手段の希少性に着目する視点は、行為の競合性や財の専有などの側面から、所有の排他性や資源配分の格差などの諸問題を取り扱うことを可能にする。一方、手段の充足性に着目する視点は、行為の協調性や財の共有などの側面から、秩序の継続性や人びとの相互依存性や意味世界の限定性などの諸問題を取り扱うことを可能にする。ただし、目的にしても、手段にしても、軸のどちらかの見方が正しいということではない。これらは、人間の経済という対象をどのような側面から捉え、どのような問題に注目するかということに関する分析視点の違いにすぎない。

　いま、病気になるリスクを考えて、医療保険に入るとする。この行為の目的について、その道具性に注目すると、例えば、病気を治療するための費用の確保という意味合いを指摘することができる。他方、その成就性に注目した場合、例えば、家族の負担を軽減するための配慮ということが見えてくるかもしれない。その配慮は家族愛の表出であり、家族同士の絆の強化につながるかもしれない。もう1つ別の例で考えてみよう。いま感染症予防の手段としての需要が高まり、社会全体でマスクが品薄状態にあるとする。手段の希少性に注目すると、例えば、マスク価格の高騰を期待した転売目的の買い占めにまつわる問題を考えることができるであろう。他方、手段の充足性に注目した

場合、例えば、マスクの配給制を導入することの是非などを論じることができるかもしれない。このように手段および目的のどの側面に注目するかで、取り扱う問題は異なるものになる。

　利己主義の分析視点は、手段-目的関係を道具性と希少性に係わる選択的状況として捉える点に特徴がある。4つの類型の中で、経済学的な行為図式と重なる部分が最も大きい。利己主義の行為図式では、手段性を付与される資源のほぼすべてに希少性が想定されるために、希少な手段は金額の安さ、処理の速さ、作業の能率などの基準に照らして種々の行為が相互に比較されることとなる。目的の道具性と手段の希少性に注目することで、手段-目的関係をめぐる人びとの思考や相互行為について、その戦略性の論理を明らかにすることができる。この特徴のため、利己主義は打算や予期と係わる人間の機械性の側面を主な分析対象とする。M. ウェーバーやP. ブルデューなどの理論が利己主義の代表である。

　機能主義の分析視点は、手段-目的関係を成就性と希少性にまつわる選択的状況として捉える点に特徴がある。手段の希少性を想定している点は利己主義と共通である。ただし行為の目的は名誉や威信など他者との関係性に根差した観念的な価値であることが多い。そのため手段的事物には物質的側面よりも記号的側面の重要性ゆえに希少性が付与されている。手段的事物を媒介にした社会的相互作用やコミュニケーションの継続が人びとの連帯を生み出し、さらに組織や社会構造の安定性を作り出すことなどに機能主義は注目する。目的の成就性と手段の希少性に注目することで、手段-目的関係をめぐる人びとの思考や相互行為について、その凝集性の論理を明らかにすることができる。この特徴のため、機能主義は情念や信頼と係わる人間の動物性の側面を主な分析対象とする。E. デュルケムやB. マリノフスキーなどの理論が機能主義の代表である。

　象徴主義の分析視点は、手段-目的関係を成就性と充足性にまつわる選択的状況として捉える点に特徴がある。この類型には文化相対主義や構造主義など方法論的に対立するいくつかの思想的潮流が含まれ

る。ただし象徴体系や象徴間の意味作用に注目して社会を分析する点においてそれらは共通している。文化相対主義は事物の意味を分析する。価値観や生活様式の多様性を尊重すべきであるとの立場から、それぞれの文化を総体として分析しようとする。異文化をそれ自体の象徴体系や価値の尺度に基づき理解し、行為や現象の意味を再構成すること、さらに、異文化理解を通じて、自己の文化に根差す偏見や事物の自明性を捉え返すことなどを文化相対主義は企図している。一方、構造主義は多様な諸文化の背景にあるとされる人間一般の思考の論理や体系を探ることを目指す普遍主義的な傾向を持つ。構造主義が考える構造とは、社会や文化の比較分析において不変性を有する要素間の関係性のことである。構造主義の発想の源泉として言語学、生物学、数学などいくつかの学問が指摘されている。構造主義はこれらの分野から、多様で複雑に見える現象の背後に、その現象を構成している要素間の一般的な関係性を見出すための考え方を学んでいる。要素間の関係性がある一連の変換過程を通じて不変性を示すときに、その関係性の全体が構造と呼ばれる。構造主義はそうした要素間の関係性の仕組みや論理を記号の操作の規則として一般的に解明することが可能であると考える。文化相対主義にしろ、構造主義にしろ、象徴主義の考え方の特徴は、認知的または暗黙的に特定の象徴体系からの影響を受けて行われる人びとの行為をその意味の側面において捉えようとすることである。文化の相対的な次元にしろ、普遍的な次元にしろ、同じ象徴体系を共有する人びとの間では共通の価値観や規範などが特定の思考を正当化する。意味作用の本質は事物や観念を弁別したり分類したりすることである。手段性や目的性を付与される事物は特定の思考の枠組みにあって他の事物との差異においてその意味づけすなわち社会内での位置づけが確定される。象徴体系は分類体系として秩序や理想などの基盤を社会に与える。それはまた、世界に対する人びとの信念を形成する。人びとは信念としての象徴体系に照らして、事物のあるべき秩序を思念し、その秩序に従うことを意思する。他方で、それが示唆する理念と現実との間にギャップがある場合には、人びとはそ

のギャップを充足するように行為する。目的の成就性と手段の充足性に注目することで、手段-目的関係をめぐる人びとの思考や相互行為について、その弁別性の論理を明らかにすることができる。この特徴のため、象徴主義は意思や信念と係わる人間の神（精神）性の側面を主な分析対象とする。M. モースやK. ポラニーなどの理論が象徴主義の代表である。

　進化主義の分析視点は、手段-目的関係を道具性と充足性にまつわる選択的状況として捉える点に特徴がある。生態主義やマルクス主義などの立場がこの類型に含まれる。人間による自然利用や自然環境への適応といった問題を扱うためには、社会の存続という集団的な道具性の論理および衣食住を長期的に確保する制度という充足性の論理から経済を分析することが必要となる。進化主義は生態（エコロジー）の側面から人間社会の継続性に目を向けることで自然と社会との相互作用の制度化を論じる。そうした進化主義の視点は労働や衛生や健康などの身体性の問題、さらには人口やエネルギーなどサステナビリティをめぐる諸問題へと人間の経済の領域を接続するものである。またマルクス主義は、階級利害という概念を用いて集団間の紛争などを利害調整の過程として捉える。こうした視点は従来、静態的かつ一様的に捉えられがちであった社会に権力や搾取といった紛争的契機を持ち込むことで、社会内部の軋轢や衝突、さらに外部社会との接触や相互作用などを社会の変動過程として動態的に捉える手法を経済人類学に導入する役割を果たしている。目的の道具性と手段の充足性に注目することで、手段-目的関係をめぐる人びとの思考や相互行為について、その適応性の論理を明らかにすることができる。この特徴のため、進化主義は身体や労働と係わる人間の物質性の側面を主な分析対象とする。K. マルクスやM. サーリンズなどの理論が進化主義の代表である。

　これから経済人類学に関する様々な概念や理論を学ぶ。新しく学んだ概念や理論を整理する際に、ここで述べた理論的構図が役に立つであろう。ただし、この理論的構図は思想的潮流や理論的系譜を比較してその優劣を判断したり対立関係を強調したりするためのものではな

い。またそれは、個々の研究者の学説が必ずどれか1つの類型に明確に分類されることを示すものでもない。折衷的な学説を主張する研究者もいれば、複数の思想的潮流に由来する方法論や分析枠組みを使い分けて使用している研究者もいる。実際、それぞれの主義の代表例として先ほど名前を挙げた研究者たちはすべて、複数の主義にまたがる議論を展開している。したがって、ここでの類型化の作業はあくまで便宜的な意味合いが強いものであるという点に留意しておく必要がある。そのうえで、本書の学習内容を整理するための図式として適宜に参照してほしい。

◆本書の構成

　現代の経済人類学の基礎を幅広く提示することが本書の目的である。とくに理論面に関する簡便な見取り図を提示することに主眼を置いている。経済人類学の多様な概念や理論を学ぶことを通じて、学問としての基本的な考え方や現代的意義について理解を深めてもらうことを企図しているためである。

　執筆にあたっては、できるだけ簡潔かつ平明な記述を心がけた。加えて、本書では図表を多用することで、学習項目の要点を視覚化することに努めた。内容面では、初学者が経済人類学の学問の全体像を知ることができるように、幅広いトピックを取り上げて解説している。本書のトピックは全体として、経済人類学の主要な道具立てのリストを構成している。各トピックとのつながりの中で、初学者が学ぶべき基本的な概念や理論について学べるようになっている。

　本書は序論および3部14章から構成されている。大学の講義などで教科書として使用することを念頭に置いた構成である。1つの章で1つのトピックを扱っている。以下、各部と各章の概要である。

　第1部（1-5章）では、人間の経済を成り立たせている基本的要素について解説する。人間らしさとは何か、経済とは何かという経済人類学の基本的な問題設定を掘り下げる。さらに経済と社会の関係性についても説明する。第1章では、人間の概念と経済の概念について解説

する。人類学のこれまでの歩みを簡単に振り返りつつ、人類学は人間をどのように捉えてきたかについて論じる。また、経済を考えることは、手段-目的関係をめぐる問題を考えることになる理由を説明する。第2章では、経済（エコノミー）の概念について解説する。最初に経済の概念のコアにあるイメージを確認する。さらに、その意味の変遷の歴史的な経緯と経済学の成立との関係について論じる。第3章では、充足性と希少性をめぐる問題について解説する。充足性の論理の基本に労働や文明の進歩を重視する考え方があることを確認する。一方、希少性の論理には機会の獲得や他者との競合などの面において社会的行為との接点があることを見ていく。第4章では、経済と社会の関係性について解説する。人間による自然の利用という視点で経済と社会を捉える考え方の特徴を説明する。また、経済が社会に埋め込まれているという考え方についても論じる。第5章では、経済行為と合理性の関係性について解説する。合理性の概念の多様な意味を紹介する。そのうえで、経済行為の実践において合理性が作用する論理を説明する。

　第2部（6-10章）では、経済行為の安定性について解説する。種々の経済行為の安定性を支えている社会的な仕組みとは何かについて考える。そのうえで、経済行為の安定性という視点から文化や分業や消費の論理などを検討する。第6章では、文化の役割について解説する。文化とは何かについての主要な考え方を紹介する。さらに、文化の作用を捉えるための代表的な方法論の考え方についても説明する。第7章では、自然環境への適応をどのように捉えるかについて解説する。エコロジーの考え方と経済との関係について確認する。また、自然環境への適応の度合いを文化進化として捉える考え方を紹介する。第8章では、贈与の交換をめぐる諸問題について解説する。贈与の交換が社会の中に連帯を生み出していく論理を説明する。また、贈与の交換の多様な形式を紹介する。第9章では、分業と協業の論理について解説する。分業の進展が人びとの共生を可能にしていることを論じる。また協業の進展が地域社会の固定化を招く論理についても説明する。

第10章では、モノの意味づけや取引をめぐって形成される人間関係について解説する。財のカテゴリーという考え方を紹介しつつ、威信財の論理を説明する。さらに、モノや貨幣の価値の匿名性をめぐる問題についても検討する。

　第3部（11-14章）では、経済行為が社会変化をもたらす論理について解説する。貧富の格差や情報の制御などの問題を通して、市場や貨幣が人びとの生活にもたらす作用について解説する。また、災害時など非日常の経済生活の問題も取り上げる。第11章では、市場経済の拡大が人びとの考え方を変容させることを解説する。経済活動に対する宗教倫理が市場経済の拡大に合わせて変容してきたことを確認する。さらに、市場経済の論理が人びとの道徳に影響を与えていることも紹介する。第12章では、非日常の状況における経済行為について解説する。自由主義経済という考え方には、多くの人びとに手段と目的の不整合を生じさせる危険性が含まれていることを論じる。また、欠乏状態に置かれた人びとは、手段-目的関係をどのように再構成していくのかについても見ていく。第13章では、消費をめぐって生じる社会的な格差について解説する。消費の顕示性を通じて、社会の中で生活様式の競合や差異が生じることの論理を説明する。さらに、消費の差異は固定化されることで儀礼化したり、社会的な格差の再生産をもたらしたりすることについても確認する。第14章では、モノと貨幣の表象作用に関する諸問題について解説する。モノは商品となることで多様な意味や情報の媒体となり、人びとの経済生活に過剰な情報を持ち込む要因となっていることを見ていく。また、貨幣は経済行為において人びとに自由をもたらすものであると同時に、リスクももたらすものであることを説明する。

第 1 部
人間の経済

1

経済人類学の問い

1-1 人間の概念

◆人類学前史

　人類学的な問いへの関心は西洋世界で最初に生まれた。人類学の歴史は、西洋世界が人間性の危機に直面するたびに、人間らしさとは何かという問題を考え続けた軌跡そのものである。そのため、その人間像には西洋の社会や思想の歩みが深く刻み込まれている。

　人類学的な問いへの関心が高まるきっかけは15世紀に始まる大航海時代である。大航海時代以降、西洋世界の住人は積極的に世界各地に進出していく。その主な目的は商業、布教、探検などである。その結果、西洋世界には世界各地の珍奇な動植物や文物と並んで、多様な生活様式を持つ人びとの情報（民族誌）が大量に流入してくる。世界各地の民族や生活様式に関する歴史的にも地理的にも多様で膨大な量の資料が民族誌として収集された。そうした民族誌の資料には、西洋世界がそれまで抱いていた人間像を揺るがす事実が多く含まれていた。西洋世界は従来の人間像を大幅に修正する必要に迫られた。人間像の修正は人間らしさとは何かという根本問題を突きつける。それは人間理解を含む西洋の知識の伝統的枠組みそのものをも揺るがしかねない事態であった。

　大航海時代までの西洋世界の人類史はユダヤ・キリスト教的世界観を強く反映したものであった。旧約聖書には、神が自身に似せて人間を作ったと書かれている。人間はもちろん神ではないが、神と似通った部分を持つ存在として描かれている。神は土塊（物質性）から人間を作ったとされるが、人間はたんなる物質ではなく精神（神性）が吹き込まれた物質である。さらに旧約聖書には、人間は神から地球上の他のすべての動物の管理をまかされたとの記述がある。人間は理性（機械性）を持つ動物として、情念（動物性）のみを有するその他の動物とは異なる存在と見なされていた。こうした聖書の記述は中世のキリスト教神学において存在の連鎖という万物の位階的秩序として理論化されていく。その過程で人間は、神（や天使）に近い特別な立ち位

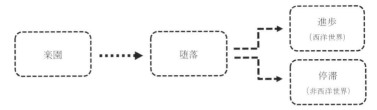

図1-1　西洋世界における人類史のイメージ

置を占めるものとなっていった。存在の位階的秩序の上下関係を、不
等号記号を使って表すとすれば、それは「物質＜生物（動物）＜人間
＜天使＜神」のように書くことができる。

　ユダヤ・キリスト教的な人間像を持つ西洋世界にとって、新世界で
初めて接することとなった異文化の人びとは大きな衝撃であった。自
分たちよりもはるかに文明の水準が劣るように見える多様な民族が世
界に存在していることが分かったからである。その事実は西洋世界の
それまでの人類史を大きく書き換えるものであった。その結果、新し
い人類史は堕落（退歩）から進歩へという2段階の論理として再構成さ
れることとなった（図1-1）。

　人間の堕落という歴史観はユダヤ・キリスト教的世界観を引き継い
だものである。伝統的なユダヤ・キリスト教的世界観では、すべての
人類はアダムとエバに起源を持つと信じられていた。これを人類単元
説という。人類史の書き換えには、この人類単元説と多様な民族の存
在とを矛盾のないかたちで接合するための論理が必要であった。黄金
時代の楽園から追放された人類は長い年月の中で退行の過程を辿り、
かつての文明をもう一度ゼロから自力で建設していかなくてはならな
い境遇となったという主張が人間の堕落の論理として考案された。そ
れにより世界各地の民族や文化の多様性を文明化の段階論として説明
する図式が成立する。西洋世界は幸いにして文明を高めることに成功
してきたが、世界各地には堕落した水準からそれほど文明が進行しな
かった人びとがいるとの推論が可能となるからである。西洋世界は自
分たちとは異なる人びとを長い間の生活環境の違いによる文明化の発

展段階の違いとして理解する歴史観を構築することとなった。

　西洋世界におけるもう1つの歴史観は人間の進歩である。それはギリシャ・ローマ的世界観を色濃く反映したものである。15世紀頃を境にして、中世期を通じて構築されてきたスコラ学が衰えを見せ始める。スコラ学とは信仰と理性との調和を目指した学術的なプロジェクトである。キリスト教の信仰とギリシャ、ローマ、イスラムなど異教の学知との結合を模索するスコラ学の伝統は徐々に、信仰と理性の分離の流れへと転換していく。スコラ学の衰退、ルネサンス、科学革命、啓蒙、ロマン主義など、一連の大きな知的変革を経て、西洋世界では大学という世俗の学府および科学的知識の優位が確立していく。聖俗革命とも呼ばれるこうした15世紀から19世紀にかけての大きな思潮の移り変わりの中で、神の似姿としての人間ではなく、ギリシャ・ローマ的世界観を基礎とする理性的な人間の再発見が精力的に行われた。ユダヤ・キリスト教的な人間像から脱却し、新たな人間性の理想がキリスト教の影響を受ける以前の知的伝統の中に求められた結果であった。

◆人間らしさとは何か

　人間らしさとは何かという問いが人類学において根本な問いであることはその学問名から分かる。人類学（anthropology）という言葉はもともと、ギリシャ語のアンスロポス（anthropos）から作られている。anthroposとは「人間（ヒト）」という意味である。もちろん人間らしさとは何かという問いは、人類学にとってのみ重要な根本問題であるというわけではない。今日の人文科学と呼ばれる諸学問のすべてが究極的には人間らしさとは何かという問題を探求しているともいえる。事実anthropologyの語は哲学の分野において、人間学という意味で使われてきた。また社会科学や自然科学においても、人間と社会との係わり、人間（ヒト）と自然との係わりという問題を扱うときには、やはり人間らしさとは何かという問いを避けて通ることはできない。学問というものが人間の営みになにがしかの係わりを持つものである以上、

図 1-2　人間探求の 2 側面

人間らしさとは何かという問いをなしで済ませるわけにはいかない。
とすれば、やはり研究の対象それ自体ではなく、それをどのように問
うのかという点において学問間の違いが出てくる。それゆえ、人間ら
しさをめぐる人類学的な問いの立て方の特徴を理解しなければならな
い。

　今日の人類学において、人間らしさとは何かを問うことには1つの
難しさがある。それはanthropologyが民族誌（自然誌）と人間学という
2つの学問的系譜を含む語であったということに関係している。今日
の人類学はこれら2つの系譜からの影響を受けて、人間を2つの側面に
おいて探求している。2つの側面とは、人間に関する現実像と理想像
のことである。それはまた、人間らしさを普遍（実証）性と規範性の
両面から探求することと言い換えることもできる（図1-2）。人類学に
おいて人間らしさを問うことの難しさはこの点に由来する。

　今日の人類学の基礎の1つは民族誌である。民族誌は経験主義的な
手法を重視する。博物誌の一部として始まり、膨大な資料の収集と体
系化に基づき人間社会に関する実証的な知見を提供することを目指す
学問としてそれは発展していった。民族誌は多様な情報源（発掘調査、
旅行記等の文献、フィールドワーク）を用いて資料を収集し、人間の社会
や文化の多様性を把握してきた。そうした民族誌的事実としての社会
や文化の多様性を踏まえつつ、人類学は様々な社会や文化の比較を通
じて人間らしさの普遍性を追究してきた。民族誌研究の系譜は人間ら
しさの現実像を探求しようとする今日の人類学の側面を構成している。

　今日の人類学のもう1つの基礎は人間学である。人間学の系譜は哲
学的および神学的な視点から人間らしさを追究してきた。ルネサンス

における人間精神の発見は理性中心の人間像の誕生を意味する。信仰の時代が終わり人間の能力のみによる社会の発展可能性に対する自信が理神論というかたちで立ち上がってくる。堕落の歴史に代えて、人類の進歩の歴史を人びとは思い描くようになる。その後さらに、啓蒙の時代に移ると人間精神の自然法則が探求され、自然法思想や自然権理論の基礎として人間本性論が現れる。そこでは理性による情念の制御という問題が盛んに論じられるようになる。理性の称揚はやがて人間と機械との線引きをめぐる議論を引き起こす。理性の時代に神の役割は自然法則の初期設定者に矮小化され、時計職人のイメージで観念されるようになる。人間（や動物）もまた時計仕掛けの機械であるとの仮説が現れ、身体機械論から精神まで含めた人間機械論の思想が形成される。人間機械論の系譜はサイバネティクスの思想に引き継がれ、人間とロボットの線引きの問題として今日に至るまで議論されている。

人間学はとりわけ18世紀以降、啓蒙の影響下で批判精神に基づき人間や社会を分析する学問として発展していく。倫理的存在としての人間理解ならびに理性的存在としての人間理解の探求が行われ、行為に関する規範性や合理性の基準とは何かという問題が人間学的な問いとして探求されることとなる。こうした人間学的な系譜は人間らしさの理想像を探求しようとする今日の人類学の側面を構成している。

◆人間は何ではないのか

人類学の諸研究は「なぜ人間はある状況においてそのように行動するのか」や「文化や社会の多様性の要因は何か」といった問題をその根底に共有している。この問題に人類学は、人間の行為動機や思考様式の基盤の典型を用いて答えようとする。それはいわば典型的人間像を探求することであり、それこそが人間らしさをめぐる人類学的な問いの立て方である。当然、その典型的な人間像には普遍的な側面と規範的な側面の2つが含まれる必要がある。なお、ここでいう典型的人間とは、身長や体重、出生率、死亡率、罹患率など人口学的な面から見た平均的人間のことではない。それはカテゴリーからの差異として

の人間らしさの探求という作業を通じて導出される人間像のことである。

　カテゴリーからの差異としての人間らしさといってもすぐにはイメージが浮かばないであろう。しかし人間と対比されるその他のカテゴリーを知れば、そのイメージが明瞭になる。人類学が比較研究において取り組んできた作業とは、人間を「それは何々ではない」と消極的に限定化していくことであったといえる。それは人間以外のカテゴリーを立て、そのカテゴリーと人間との差異を比較において浮き彫りにするという手順で行われる。そうした比較研究を積み重ねることで、人間固有の領域を確定していく。諸カテゴリーとの比較を経て浮き彫りにされた差異的要素の複合が人間固有の領域である。人類学の営為には典型的人間を確定するために必要な人間的要素の組み合わせの探求という側面がある。

　人類学はこれまで、4つの大きなカテゴリーを立てて人間との相違を対比的に検討してきた。4つのカテゴリーとは、機械、動物、神（精神）、物質である。人間を機械と同一視することは妥当でないであろう。また、人間は他の動物とも違う部分があるように見える。とはいえ人間はもちろん、神でもなく、たんなる物質でもない。こう考えると結局、人間とはこれらのカテゴリーの特徴の一部を兼ね備えながら、それぞれのカテゴリーから距離を保つような存在としてあると考えることができる。様々なカテゴリーの要素を複合的に同居させている存在、それが人間の領域であるとのイメージが構成される。本書ではそうした複合的な人間像を図式化したものを人間的要素の4価構造と呼ぶことにする（図1-3）。

　人間的要素を構成する4価の中で、機械性は理性や予期をめぐる問題系（問題の対象とその問い方）の領域である。理性の働きは計算や設計などの思考様式の重要性を認識しつつ、その自律性を追求する存在としての人間の側面である。動物性は情念や信頼をめぐる問題系の領域である。社交性や親密性などを育み人間関係の安定化や共同生活の円滑化を志向する存在としての人間の側面である。神（精神）性は意思

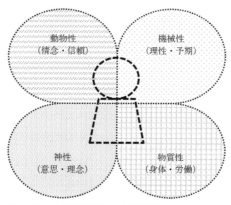

図 1-3　人間的要素の 4 価構造

や理念や信念をめぐる問題系の領域である。善や正など何らかの価値を記号や象徴を駆使して体系化し、その体系の望ましさや完全さを信じることができる存在としての人間の側面である。物質性は身体や労働をめぐる問題系の領域である。自然を利用する技芸を発達させ、環境に適応する存在としての人間の側面である。

　人類学の歩みとはその一面において、人間や社会の総体的把握と広範的比較を通してこれら4つの人間的要素を発見してきた過程であるともいえる。西洋世界の知的枠組みの組み替えと共に、その人間像には多様なカテゴリーが統合されてきた。神の似姿として正しい生き方を貫く人間、機械として将来を打算的に思い描く人間、情念や欲望に突き動かされる動物的な人間、身体を持ち飢えや渇きをしのぐために自然を利用する人間、これらの多様な側面は多かれ少なかれ確かにすべての人間の中に見出せる要素であろう。人間はこれほど複雑な存在である。人類学は人間存在の複雑さをそのまま受け入れたうえで、人間とは何ではないのかと問い続けることで、人間らしさとは何かという答えを追究している。

1-2 経済の定義

◆経済とは何か

　ごく普通に経済の概念のイメージを問われたらどう答えるであろうか。就職活動、給与、自営業といった職業や労働に関することがらを思い浮かべながら答える人がいるであろう。あるいは買い物、家計簿、節約といった家計や消費に係わることがらを連想して答える人もいるであろう。他にも銀行預金、株式投資、保険などいわゆる金融業界に関することがらや税金、年金、助成金など国の財政や福祉に係わるものごとを経済のイメージとして回答する人もいるはずである。

　このように経済の概念には多様なイメージがつきまとう。そのため経済とは何かについて、その核となるイメージを一般的に規定しようとすると結構難しい。とはいえ経済の概念を一般的に定義づけすることはできないだろうか。

> 経済学とは、日常生活における人びとの研究である。とりわけ目的達成および福利に役立つ物質的手段の利用といった側面に注目して、個人的行為や社会的行為を分析する学問である。
>
> （マーシャル『経済学原理』）

　これはA. マーシャルが『経済学原理』の中で示した経済学の定義である。この定義は、手段と目的という行為に関する2つの要素が経済を理解するための鍵概念であることを教えている。マーシャルの定義は20世紀に入るとL. ロビンズによりさらに一般化される。ロビンズは、人間の行為において手段-目的関係に係わる領域が経済であり、その領域を中心的なテーマとして扱う学問が経済学であるとの定義づけを確立した。

　後に見るように、経済人類学ではかつて経済の意味や定義をめぐる論争があり、形式主義と実体主義という方法論に関する2つの立場の違いが論じられた。形式主義とは手段-目的関係という思考様式に合

わせて効用や利益などの最適化を目指す行為の領域を経済と見なす立場であり、実体主義とは経済生活に係わる人びとの主観的意味の理解を通じて経済を分析することを重視する立場である。従来は形式主義の立場を取るのが経済学であり、経済人類学は実体主義の立場を取るとの方法論的な対比が強調されてきた。しばしば経済人類学の独自性を明示する目的で、実体主義の立場に立つことの意義が経済学批判というかたちで過度に喧伝されることもあった。そのために手段-目的関係の視点から経済生活を分析することを避ける傾向が生じたりもした。しかしながら、この2つの立場は相互補完の関係として整理し直すほうが建設的な考え方である。

> 意味を備えた人間の行為につき、突き詰めて、その究極の要素を抽出しようとすると、どんな場合にもまず、そうした行為が「目的」と「手段」の範疇に結びついていることが分かる。
> （ウェーバー『社会科学と社会政策にかかわる認識の「客観性」』）

　ウェーバーが指摘したように、手段-目的関係という人間の思考様式やそれに係わる人間的営為は普遍性を持つと仮定することができる。手段-目的関係という思考様式を知らない人びとの社会はおそらくないであろう。現代の市場社会であろうと原始の自給自足社会であろうと、あるいは遊動社会であろうと定住社会であろうと、手段-目的関係をめぐる「経済」現象はあらゆる人間社会に普遍的に観察できるはずである。実体主義の方法論を採用しているか、あるいは手段-目的関係の思考様式を経済の分析対象としているかということが経済人類学の学問的な特徴を形作っているわけではない。手段と目的それぞれの構成原理、および手段と目的との間の結合を可能にする論理や実践の過程を人間的営為の総体から考察しようとする立場が経済人類学の特徴を形作っているのである。

　経済とは「手段-目的関係という特定の思考様式の合理性に係わる人間的営為の総体」である。さしあたって、これを本書における経済

の定義としておこう。人間的営為の総体とは例えば、諸個人の行為の企図および実践、さらには諸個人間の相互行為の過程や帰結などのことである。人間的営為の中には、人とモノ（自然、物質）、人とシンボル（言語、記号、情報）、人と人（他者、集団）、人と制度（組織、規範）など、人間の思考および行為に係わるあらゆる関係性の過程や帰結が含まれる。いずれにしても本書を読み終えた後、もう一度この経済の定義に立ち戻り、改めてその意味を考えてほしい。

経済の定義
手段-目的関係という特定の思考様式の合理性に係わる人間的営為の総体

◆経済行為と社会化

経済学、経済社会学、経済人類学、これら3つの学問分野は本書の経済の定義を共有可能である。ではそれらの差異とは何か。相互の特徴を対比して確認してみよう。M. グラノベターは『社会と経済』において、経済学と経済社会学との違いを社会化の程度を軸に論じている。社会化とは、各人の思考や行為の範囲が社会環境からの制約を受けることである。社会環境からの制約には様々なものが含まれる。役割、組織、社会階層などは人間関係に関する制約であり、宗教的教義、法秩序、企業理念などは価値体系に関する制約である。グラノベターのこの手法は、経済人類学を含めた3つの学問の相互的差異を対照する手法としても利用できる。3つの学問領域を社会化の程度を軸にイメージ化してみよう（図1-4）。ただし、この図式は便宜上の目的で、それぞれの特徴を極端に強調して提示している。

経済学ではいわゆる経済人と呼ばれる人間像を想定して理論を展開することが多い。経済人の特徴はT. パーソンズが『社会的行為の構造』の中で指摘したように、原子論的個人観に基づく目的のランダム性および手段選択の合理性（効率的な目的追求に照らした適合性）と要約できる。経済人の意思決定において、他者への配慮や道徳的な正しさなどは捨象される。それは目的および手段の選択における人間関係や

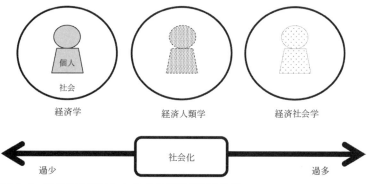

図 1-4　社会化を軸にした 3 つの学問分野の比較

価値観からの制約を考慮しないとする仮定である。経済人はしたがって、社会環境の制約から自由であり、その意思決定においては情念や快楽など個人的性向に基づく自己利益（利害）の最適化のみを追求する存在である。諸個人の利害の根拠、つまりは行為動機の源泉となる情念や快楽といった個人的性向は所与とされる。経済学の考え方の特徴とはこの意味で、社会化過少の人間像を想定して手段-目的関係の理論化を行う点であるといえる。他方、経済社会学では各人の社会的行為を分析の対象とする。社会的行為とは、自己の利害のほか、正しさや美しさといった価値観を考慮に入れ、さらには他者の自己に対する反応も制度との関係として予期する行為である。各人はつねに自己が定位される社会的環境からの制約を受けて行為する存在である。経済社会学は文化や制度が行為の社会的枠組みを設定することを重視し、各人が選択できる行為連関の方向性や選択肢の範囲がそのことにより限定されることを経済と社会の相互作用の論理として析出する。経済社会学の考え方はこの意味で、社会化過多の人間像の想定から手段-目的関係を考察するという特徴を持つ。以下のJ. デューゼンベリーの言葉は両学問の考え方の違いを簡潔に表している。

> 経済学は人びとが選択し得る範囲を明らかにする。一方、社会学は人びとが選択の幅を持ち得ない理由を明らかにする。
>
> （デューゼンベリー『ベッカー論文に対するコメント』）

　経済人類学の考え方の特徴は、適度に社会化された人間像を想定して手段-目的関係を理論化する点にある。経済学と経済社会学との中間的な位置づけを持った人間像の想定であるといえる。実行可能な手段-目的関係が、各人を取り巻く社会環境からの制約を受けて構成されると考える点で、経済人類学は経済社会学と立場を同じくする。しかしながら経済人類学では、複合的な人間像（人間的要素の4価構造）を想定するところから手段-目的関係の不確定性の余地を考慮する。手段-目的関係の形式的な連関性や行為の帰結よりも、行為の様式性すなわち行為実践の過程それ自体に着目するのである。手段-目的関係の実践が身体や慣習や時間性（テンポ、期間、周期性など）という諸要素に影響されて意図的あるいは無意識的に、各人の行為の意味合いに差異が生じることなどを経済人類学は分析する。手段性をめぐる問題系は記号作用や象徴体系などシンボリズムの領域に接続している。経済人類学は経済行為や経済現象の様式性の側面を分析する視点を有することで、コミュニケーションの地平において対象が手段として有する意味の複数性をめぐる問題を取り扱うことができる。

◆**手段-目的関係としての経済**

　経済学は手段-目的関係の形式的に可能な組み合わせの全体像を捉えることに関心が高く、経済社会学は手段-目的関係を限定する社会的、文化的な枠組みやその作用を捉えることに関心が高い。それに対して、経済人類学は手段-目的関係の不確定性が生み出す象徴体系の構造やその揺らぎを捉えることに関心が高い。また行為動機に関していえば、経済学と経済社会学は各人の動機の一貫性を仮定しており、ゆえに目的が手段を規定する論理の解明に関心がある。それに対して、経済人類学は各人の動機の非一貫性（矛盾を含む）を前提にしており、

ゆえに手段が目的を再規定し直す論理の解明に関心がある。

　3つの学問分野それぞれの特徴を行為選択（意思決定）の図式を使って比較してみよう（図1-5）。図中の実線は考慮および実行が可能な領域を表し、点線は考慮および実行が不可能な領域を表している。それらの差異を極端なかたちで対照させると次のようになる。

　経済学は目的のランダム性を想定するため、目的は各人の所与とされる個人的性向によりその都度設定される。潜在的にはすべてのことがらが目的として選ばれる可能性を有する。特定の目的が設定された後、その目的達成のために効率性のみを基準にできる限り多くの選択肢を秤量したうえで手段が決定される。経済学の考え方に立てば、少なくとも理論的には手段-目的関係はすべての組み合わせが実現の可能性を有する。一方、経済社会学は社会の制度的または文化的な制約のために、多くの対象が目的や手段として最初から選べなくなっているという状況を前提として行為選択を分析する。経済社会学の理論は、諸個人が自由に結合できる手段-目的関係の組み合わせが少ないことの論理や、特定の目的と特定の手段との結びつきが強いことの論理を説明することに焦点が置かれている。それは目的が手段を規定することに着目して、手段-目的関係の社会的な限定性を捉えようとする立場であるといえる。経済学と経済社会学とでは行為の蓋然性に関する捉え方が基本的に異なる。行為の蓋然性について、経済学はそれを選択の最適化の機会と捉えるが、経済社会学は誤りを犯す機会と捉える。目的や手段の選択において制約が少ないということは、目的達成のための多様な可能性が開示されていることを意味する。経済学の図式にとって、こうした多様な選択に開かれた行為の状況は一般にポジティブな意味合いを帯びている。他方で経済社会学は、行為選択の自由が行為の最適化すなわち手段と目的との適合度の最適化を保証するものではないことに注目する。その図式では行為選択の自由はむしろ人びとが誤りを犯す可能性を示すものとしてネガティブな意味合いを帯びる。目的や手段の選択肢が限定されることは、行為選択の誤りを未然に防ぐための制度的帰結と見なされる。

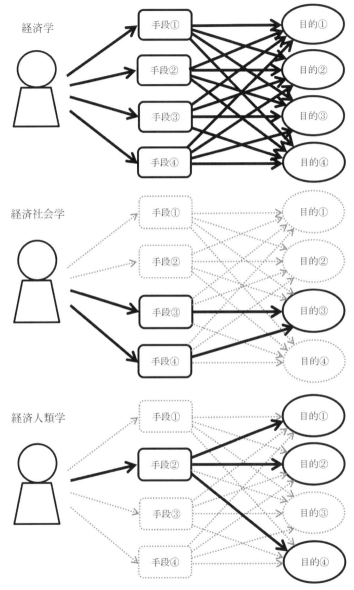

図 1-5　手段-目的関係の捉え方の違い

経済社会学は目的が手段の範囲を限定する論理を考える傾向が強い。それに対して、経済人類学は手段が目的の範囲を再規定する論理を考える傾向が強いといえる。経済人類学は人びとと手段との係わりにこだわる。手段的対象の扱い方などからその手段に付随する記号作用や象徴体系の複数性を読み取り、手段-目的関係の実体的な構成過程を分析する。手段は目的から一方向的に規定されるものではない。手段と目的とは不確定性を含む潜在的な関係性の網目として社会的に緩やかに限定されている。制度や文化は確かに行為の枠組みを設定し選択の範囲を限定してはいるが、その枠組みはつねに1つであるとは限らない。そのため手段と目的との間には、社会的に限定された枠組み内においてもなお連結に係わる不確定性が存在する。手段にこだわるということはまた、手段-目的関係として実行される一連の行為連関の過程それ自体に注目するということである。それは行為の様式性を考慮するということにつながる。形式的に見て同じ手段的行為の遂行であっても、その様式性の違いにより達成される目的が異なったものになる。行為には身体的動作や時間使用など各種の様式性の要素が輻輳するかたちで手段性の概念の中に織り込まれる。その結果、行為が実践される過程で、特定の手段-目的関係が意味作用を伴いつつ社会的に決定されると経済人類学は考える。言い換えれば、それは手段が目的を再規定する論理があるということである。経済人類学はそうした手段性をめぐる実践の論理を手段-目的関係の総体として把握しようとする。手段-目的関係について、その思考様式の側面だけではなく、その行為実践の過程それ自体も研究対象とするのが経済人類学の大きな特徴である。図中では、手段②以外は選べないことにして、1つの手段が複数の目的性を含むことを示すために、目的①と②と④とを結ぶ矢印が実線で示されている。

2

エコノミーの概念

2-1　エコノミーのコアイメージ

◆エコノミーの語意

　経済とは何かを理解する手がかりとして、「エコノミー」という語について考えてみよう。今日のエコノミーという語には多様な語意が含まれる。エコノミーの語意の多様性は歴史的な変遷を経て獲得されてきたものである。一見すると、それは互いに無関係な複数の語意を含む複雑さを持つように見える。しかしながら、その原義を押さえ、そこからの意味の広がりを歴史的に概観することで、エコノミー概念のイメージの中核と広がりとをより明確に理解することができる。

　エコノミーという語を辞典で調べてみよう。辞典による違いはあるが、大きな辞典であれば、①家政、②布置、③摂理、④生理・組織、⑤経済といった意味を表す語句が列挙されているはずである。

　家政とは家の管理という意味である。日々のくらしに必要な家事を効率よく行ったり、資産を適切に管理したり、家業の経営に携わったりといった様々な仕事の全体を指す言葉である。家政を上手に切り盛りするためには効率よく仕事をこなさなくてはならない。そこから節約や節倹などの意味が派生してくる。

　布置とは文章術にまつわる語意である。文章術は弁論（の原稿）や論文などの作成にあたって、自己の主張の材料となる事実や考え方などを他者に効果的に伝えるための技術のことである。歴史的には自由7科の中の修辞学や論理学（弁証術）などの学問と係わりを持つ。個々の発想を秩序づけて配分することという意味合いが布置の語の根底にある。

　摂理とは世界や宇宙の秩序という意味である。神学や哲学からの影響が強く反映されている語意である。神が作った世界や宇宙には斉一性がある。それは神の統治の神秘性により保証されている。摂理はこうした宗教的な信念とのつながりが深い語意である。

　生理や組織とは自然の秩序や有機体の仕組みなどにまつわる語意である。今日ではエコロジー（生態）やエコシステム（生態系）などと表

図1-6　ジグソーパズルのイメージ

現されることが多い自然の秩序という意味をエコノミーは持っている。その意味が個体としての有機体の仕組みに適用されると生理や身体組織などの意味が派生する。

　経済とは主に政治体の経営にまつわる語意である。国家の運営や統治技術という意味合いにおいて派生してきた語意であり、そこからさらに進んで、政治体の自然的秩序すなわち社会秩序といった意味も生まれてくる。今日ではエコノミーと聞くと「経済」の意味合いを思い浮かべる人が多いと思われる。歴史的に見るとこの「経済」という語意は近代になって新しくエコノミーの語意に加わったものである。

　エコノミーの語はこのように多義的である。ただしその多義性は「個別的要素のすべてが全体の中で適切に配置されていること」という1つのイメージから派生している。完成したジグソーパズルをイメージすると分かりやすいかもしれない（図1-6）。ジグソーパズルは個々のピースが置かれるべき場所にすべて配置されたとき、全体として見ると1つの図柄を構成する。エコノミー概念のコア（中核）はこのイメージに近い。

　家政とはまさに家という全体を管理することであり、その秩序を節

約的かつ効率的に経営するという意味合いを持つ。また布置とは個々の事実や発想などの構成要素を論文などの一定の形式という全体に適切に配置して、論理の体系を構築していく作業のことである。主張を明確かつ効果的に伝えるためには簡潔な文章構成が推奨される。摂理とは神が世界や宇宙という全体を斉一的に統治しているという思想であり、万物はその全体の体系的秩序の中であるべき位置を占めるとされる。神の統治は完全であるため、無駄なものが存在する余地はない。生理や組織などの語意にも自然の秩序においては無駄や冗長を嫌う傾向があるという意味合いが含まれる。生態系や有機体など全体の運行は各要素が適材適所に配置されることで効率的になるとのイメージが自然の秩序には付帯する。経済とは国家や社会の運営に係わる統治技術という意味であり、そこにもやはり全体と個別的要素というコアイメージが作用している。人びとの生活を政治体という全体の秩序の枠組みにおいて管理していくという視点が経済の語意には含まれる。

　エコノミー概念のコアイメージが管理、節約、効率、秩序、体系などの意味合いと親和性を持つことは明らかである。さらに、全体の完成や維持という目的に合わせて個別的要素を適切に配置するというイメージは、手段-目的関係の思考の問題系へとつながっている。

◆家政としてのエコノミー

　エコノミーの原義は家政である。今日のエコノミー概念の多義性はすべて家政にまつわるいくつかのイメージから派生したものである。エコノミーは古代ギリシャ語のオイコノミアを語源とする。オイコノミアとは家政という意味であり、この語自体も家を意味するオイコスと法や慣習を意味するノモスからなる合成語である。またノモスは「統治する、管理する」などの意味を持つネモーに由来する語であるとされる。したがってエコノミーとは語源的に見ると、家の管理や家の秩序といったイメージが強い語であることが分かる。

　古代ギリシャの家政論の著者として、クセノフォンとアリストテレスの2人が有名である。ここではクセノフォンの『オイコノミコス』

の内容を紹介する。同書は対話篇の作品である。登場する主な人物は3人いる。ソクラテスとクリトブロス（クリトンの息子）の対話の場面から始まる。その後、作品の途中から「対話内の対話」という形式で、ソクラテスとイスコマコスとの対話の場面に移る。イスコマコスと過去に交わした家政論をソクラテスがクリトブロスに話して聞かせるという設定になっている。

　ソクラテスとクリトブロスはひとしきり議論した後に、家政とは家の管理に係わる技術であるという点について同意する。そして家政の対象として、財と人（家に属する奴隷や使用人）という財産の管理が大切であることが論じられる。財に関しては財産目録の把握が重要であること、また人に関しては配下の者に対する指揮能力と公正さとが必要であることが指摘される。さらに、財と人の有用性や能力を必要なときに十全に使用できる状態を保つようにつねに心がけること、そのために財を整理整頓し、人を適材適所に配置することなどが家の管理の要であることが説かれていく。

　秩序と配慮とがクセノフォンの家政論における鍵概念である。財と人の管理とは、それらを適切な場所や仕事に配置することで家に秩序をもたらし、なおかつ家業を盛り立てるために必要なこととされる。家の秩序は一度作ってしまえばそれで終わりということではなく、その効果や能率につねに気を配り、弛まずに維持や改良を行っていくことが求められる。『オイコノミコス』において、家政とはたんなる知識ではなく、それを実践するための技術であることに注意が喚起されている。知識の多寡よりも配慮の有無のほうに重点がある概念としてエコノミーが語られていることが分かる。

　このように家政としてのエコノミーとは、家に係わるモノ、ヒト、カネなどを適切に管理、運用することである。そこにはジグソーパズルに似たエコノミー概念のコアイメージが作用している（図1-7）。パズルのピースを適切な位置に嵌め込むように、モノ、ヒト、カネを必要に応じて適切に配置して、家内の組織化および家業の運営を全体として効率的に切り盛りするというイメージである。

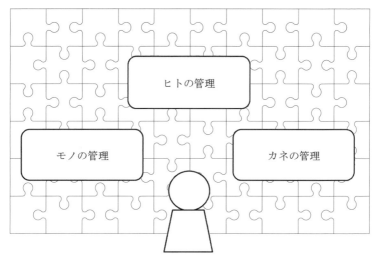

図 1-7　エコノミーとしての家政

　『オイコノミコス』の中で、もう1つ注目しておくべき論点がある。それはクセノフォンが家政における妻の役割の重要性を何度も強調していることである。例えばクセノフォンはソクラテスにこう語らせている。

> 僕の考えでは、家政の良き協力者である妻というのは、金銭について夫とよくつり合いのとれている人だと思うんだ。なぜなら、多くの場合、金銭は夫の働きによって家に入ってくるけれども、それを采配して使うのは妻なのだから。その出入がうまくゆけば、家は栄えるけれども、そうでなければ、没落する。
>
> （クセノフォン『オイコノミコス』）

　今日的な見方からすれば、仕事と家事の分担に関するジェンダーバイアスや性役割分業を肯定するクセノフォンの考え方が明確に表れているとして、このくだりを批判することもできるであろう。しかし古

代ギリシャという時代背景に即して考えた場合、家政とは女性（さらには奴隷）などの非市民が関与できる領域であったという事実にまずは注目すべきである。古代ギリシャ世界において、エコノミーの問題は公共性との係わりが希薄なものとして観念されていたからである。

◆オイコスとポリス

　古代ギリシャ世界において、家（オイコス）は非市民も関与することができる私的な領域である。それに対して、国（ポリス）は公共性の空間として市民のみが関与できる特権的な領域である。家と国のこうした位置関係には、経済活動に対する政治活動の優位という当時の社会通念が反映されている。『オイコノミコス』には、市民が家政に従事することは不面目であるとの認識がイスコマコスの発言というかたちで示されている。家政をめぐる性役割分業の問題は、こうした背景に照らして論じられなければならない。

　家と国の区別について、アリストテレスが『政治学』の中で詳しく論じている（図1-8）。両者の特徴を対照すると、家が私的領域であるのに対して、国は公的領域である。また、家政は1人の家長が独裁的に支配する領域であるのに対して、国政は自由で互いに等しい者たち、すなわち市民（自由人）が共同で運営する領域である。さらに、家は生存のために存在する制度であるのに対して、国は善き生のために存在する制度である。

　完全な家は奴隷と自由人からできているとアリストテレスは『政治学』の中で述べている。古代ギリシャの家という制度は、核家族のイメージからはかけ離れている。規模や組織の面において、それはむしろ現代の小さな会社（大農場経営）のイメージに近い。市民とその家族、さらに多くの使用人や奴隷が1つの家を構成している。妻が家政を差配するということは、いわゆる家父長制的な制度としての家において、その経営を任されているということを意味する。

　アリストテレスの家政論では財の管理よりも人の管理に重点が置かれている。支配という観点から見ると、家とは、①家長関係（主人と

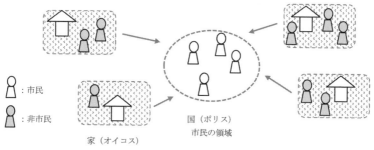

図1-8 家と国の区別

奴隷）、②親子関係（親と子）、③婚姻関係（夫と妻）という3つの支配の関係性の複合から構成されるとアリステレスはいう。家政論は支配関係という側面において、政治論や倫理論に接続される。

　家政とは家にあるものを使用する術であるとアリストテレスは述べる。家にあるものとは財産のことであり、家財と奴隷がその構成要素である。クセノフォンは妻が家政に従事できることを示しているが、アリストテレスは奴隷が家政に従事できることを示している。奴隷は財産の一部であり、家の主人は財産を使用する技術を持つ。主人は指示を出すだけで実際の家政は奴隷が行えばよいとされる。家政よりもむしろ政治や学問の世界に係わることのほうが善き生の実現にとって重要であるというのがアリストテレスの思想である。市民（自由人）である家の主人が善き生の実践に専心することができるように、政治の領域での活躍をその基礎において支えることが家政の最大の役割である。

　アリストテレスは財産を取得する技術一般を取財術と呼んでいる。取財術は2種類あるとされ、家政術と商人術とに区別される。家政術とは善き生のために財産を獲得、使用する技術であり、商人術は交換における利益を求める蓄財の技術である。交換による取財術（商人術）としてアリストテレスは、海外貿易、金融、賃労働の3つを挙げている。商人術の一部に貨殖術がある。貨殖術とは金銭や財貨を獲得するための技術である。

アリストテレスは家政術と貨殖術とを峻別すべきであると説く。ある人にとっての財産とは善き生のために必要なものであるため、その数量には自然と限度があるはずである。家政術は善き生の追求という目的に照らして手段である財産を適切な限度内において使用することに係わる技術である。一方、貨殖術は善き生のための手段にすぎない財産を交換によって手に入れるための技術から派生したもので商人術としての性質を持つ。貨殖術は交換において貨幣が考案されることで発達した。貨殖術には、本来は手段であるはずの貨幣を無限に追求する方向へと逸脱していく危険性がある。貨幣を無限に追求することは善く生きることではなく、ただ生きることに熱中することであるとアリストテレスは貨殖術を厳しく批判している。

2-2　経済学の形成

◆ポリティカル・エコノミーの思想的起源

　家政としてのエコノミー概念は近代に入り、経済（ポリティカル・エコノミー）という表現や意味を獲得するようになる。家という特定の領域を「管理の術」という意味から分離することで、エコノミーの概念はより抽象的な「経済」という意味合いを担うこととなった。エコノミーがポリティカル・エコノミー概念へと発展していく過程を辿っていこう。

　まずは西洋世界におけるポリティカル・エコノミーの思想的起源について瞥見する。ポリティカル・エコノミーの思想的起源を辿るには、統治性の概念が有益である。統治性とはM. フーコーが提示した概念であり、「統治」と呼べる権力の類型のあり方を指す言葉である。統治は、政治（公共性）や主権（法秩序）とは区別される権力の類型である。

　統治性とは複雑な権力の形式を行使可能にする社会的枠組みのことである。制度、手続き、分析、考察、計算、戦術など様々な作用の全体が統治という権力を可能にする。統治性の権力の特徴は、①人口を主要な標的とすること、②ポリティカル・エコノミーを知の主要な形式とすること、③安全装置を本質的な技術的道具とすることの3つである。

　フーコーのいう統治性とは、ある政治的共同体内に生活する人口を安全という基準に従って管理することに係わる実践および知識である。エコノミー概念とのつながりはここに見出せる。家政としてのエコノミーは家の財産である財や人への配慮と管理実践の技術であった。それに対して、統治性とは国家としての政治的共同体に属する財や人への配慮と管理実践の技術である。

　統治性はその実践面の特徴に基づき生権力とも呼ばれる。統治性が人口を標的とするのは、それが人間の生物的な側面に作動する権力のためである。性、身体、労働などが政策的介入の具体的な領域である。

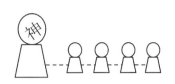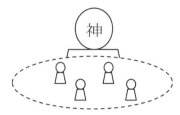

図 1-9　人民に対する統治と領土に対する統治

具体的には、保健、公衆衛生、医療、生殖、結婚、福祉などに関する
行政として、人口の管理が国家的に実践されていく。

　統治性は人びとの生の全体にその作用を及ぼす。その管理の基準は
安全性である。人口の状態を統計的に把握することで、ある「正常」
な状態の範囲を決定することができる。統治性の権力はその正常な範
囲から逸脱しないように人びとの生を管理し続ける。例えば、出生率、
結婚率、ある疾病の罹患率、死亡率などの正常な範囲をつねに監視し
ている。そうした安全性を示すデータに基づき、正常な範囲からはみ
出しそうな人に対しては生活習慣の改善などを促すなどのかたちでそ
の生に介入する。そうしたきめの細かい管理を実践することで人口を
制御しようとするのが統治性という権力の特徴である。

　フーコーによれば、統治性という権力の類型には2つの宗教的起源
がある。1つはユダヤ教であり、もう1つはキリスト教である。両者は
司牧的な権力（の神）であるという共通の特徴を持つ。さらに両者が
「非ギリシャ的な思想」の系譜であることが大きな重要性を持ってい
る。古代ギリシャに由来するエコノミーの概念は、西洋世界の歴史的
展開においてユダヤ・キリスト教的な東方的要素と混ざり合う中で新
たな意味合いを生成していくことになる。

　司牧とは羊飼いのイメージを範型に持つ権力である（図1-9）。フー
コーはそれが東方全域で広く見られる支配の範型であると述べている。
羊飼いが羊の群れを管理するように、指導者（神）が人民の生を指導
することが司牧権力の特徴である。ポリスの神を祀るなど、ギリシャ
的な統治が領土に対して権力を行使するかたちを取るのに対して、東

方的な統治である司牧権力は、牧者である指導者が人びとに対して権力を行使するかたちを取る。牧者は自分が指導する人びとをつねに見守り、必要に応じてきめ細かな配慮を実践する。そのイメージは家に属する財と人とをきめ細かに管理するエコノミーの実践と重なる。

　司牧権力はその後、カトリックの教会制度のもとで魂の指導技術として制度化される。ギリシャ的要素とローマ的要素を混合した中世の西洋世界の形成が進む中で、エコノミーの概念はキリスト教との結びつきを深めつつ、宗教的な意味合いを帯びていく。個々の魂の救済という教会の活動は神の統治の実践として理解されていくようになる。

◆神の統治としてのエコノミー

　エコノミー（オイコノミア）の概念は西洋世界でキリスト教の影響力が強まり、カトリックの教義体系が確立されてくる過程において、神の統治、救済計画、摂理などの神秘という神学的意味を帯びるようになる。

　エコノミーの語に神学的意味を最初に与えたのはパウロであるとされる。しかしG. アガンベンによると、それを裏づけるような用語法は見当たらないという。「神のオイコノミア」というパウロの記述はたんに「神から委ねられた任務」という意味である。また「神の神秘のオイコノミア」という語の使い方もパウロはしているが、これも神秘の「運営者」という意味であるという。アガンベンに従えば、こうした神の統治や経営というエコノミーの用語法が、キリスト教の神学者たちの手によりオイコノミアの神秘というかたちで転倒され、神の統治それ自体の神秘性が強調されるようになる。神の統治にまつわる神秘性が自然や宇宙の秩序としてのエコノミーに「摂理」という深淵な意味合いを付与する。

　神の統治の神秘としてのエコノミー概念は、三位一体説を擁護する言説として利用されていく。神の三位性とは存在としての分節化ではなく、それは神の実践に関する分節化であるとの論理がエコノミーのイメージにおいて示される。神の支配は単一であるが、その統治の実

践は三位的ということになる。全体の中での個別的要素の適切な配置というエコノミー概念の秩序観が神の統治の神秘へと拡張されていることが分かる。

　神の統治の神秘という神学的枠組みは歴史哲学へと引き継がれていく。歴史の記述は、たんに連続的時間における一連の出来事の継起に関する記録ということではなくなり、個々の出来事がすべて神の統治や救済計画に向けての道標といった意味を帯びて現れる。神の啓示が具体的な出来事として明らかになる過程こそが歴史である。個々の出来事は救済計画という全体の中で、それぞれの意味合いを担って、しかるべき位置に配置されていると見なされる。それゆえ歴史はエコノミーの概念で捉えることが妥当とされる。

　エコノミー概念はキリスト教をめぐる2つの秩序の観念を接合する際にも利用された。2つの秩序とは、神に対する秩序と被造物相互の秩序のことである。アガンベンはそれらを超越的秩序と内在的秩序と呼んでいる。この世界やすべての被造物は神が創造したものである。それらの存在はこの点で超越的な神により秩序づけられている。他方、世界にあって被造物は相互に関係性を構築している。その関係性は神の救済計画の実践がもたらす摂理としての歴史的な秩序である。トマスの言葉は2つの秩序の関係性を端的に述べている。

　　全体から見て考察されるべき、神のこの世における働きには2つある。
　　1つはこの世の創造であり、2つは創造されたこの世の統宰である。
　　　　　　　　　　　　　　　　　　　　（トマス『君主の統治について』）

　エコノミーとは、実践としての管理や統治というイメージを根幹に持つ概念である。秩序は作るものであり、ひとたび作られた秩序は実践を通じて保守されなければならない。家は家長による支配に基礎づけられなければならないと同時に、家長の代理人により継続的に管理されなければならない。これと同じイメージが神学的な秩序の概念に適用されたとき、世界の創造と世界の統治（救済史）という神の2つの

働きはエコノミー概念のもとで統合されることとなる。

　エコノミーの神秘というイメージは近代以降、存在と実践の間の分裂を縫合するという政治哲学上の概念装置として引き継がれていく。それは国家の統治を秩序づける権力と統治を実践する権力との区分を可能にする概念装置である。いわゆる「君臨すれども統治せず」との論理に似た図式が、神の統治という神学的な支配の範型である。

　政治的支配をめぐる存在と実践との区別は、近代国家の枠組みにおいて主権（立法権）と統治（行政権）との区分を可能にする概念装置として制度化されていく。そうした流れの中で、統治の実践に関する学問としてポリティカル・エコノミーと呼ばれる知の形式が立ち現れてくる。『百科全書』の「ポリティカル・エコノミー」の項目を執筆したJ.-J. ルソーは主権と統治の区別の必要性を強調したうえで、ポリティカル・エコノミーが統治（行政）に関することがらを扱う分野であることを明確にしている。行政というかたちで人びとの生活の隅々に国家の管理を行き渡らせる技術がポリティカル・エコノミーである。フーコーが述べるように、ポリティカル・エコノミーの成立は統治性の強化を意味する。

◆主権国家とポリティカル・エコノミー

　ポリティカル・エコノミーは近代に誕生した主権国家という政治体制と共に発展してくる。主権国家の特徴は、①領土性、②国家の法による支配、③内政（行政）の重視という3点にまとめることができる。明確な国境を持つ領土の範囲内で、国家が定めた法の秩序に基づき整備された官僚機構が内政（行政）を行う仕組みが主権国家である。

　主権国家の論理はポリティカル概念とエコノミー概念との合成を可能にした。古代ギリシャでは、私的領域に係わる技術としてのエコノミーと、公的領域に係わる政治的な技術（弁論術や戦争術など）とは明確に区別されていた。しかし家と国との概念はその後、相互浸透の度合いを強めていく。家政とは独裁的支配であるとアリストテレスが述べたとき、そこにはすでに中央集権的な組織経営との親和性が含意さ

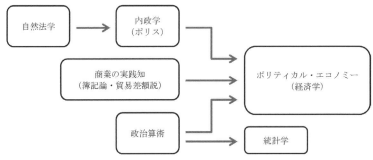

図 1-10　ポリティカル・エコノミーの知的源流

れていた。そして中央集権的な支配の正当性や優位性が論じられるようになると、両者の類似性が強調されるようになる。

　主権国家論は家と国の古代ギリシャ的な区別を飛び越えるかたちで近代国家の中央集権的支配の正当性を説くものである。J. ボダンは『国家論』の中で、家長としての主権者が臣民である人びとを管理するという国家のイメージを示している。ボダンは主権国家の概念において国家という政治的共同体を拡大家族として解釈する論理を構築した。それは結果として、ポリティカル・エコノミーという近代の新たな知の枠組みを生み出す契機を提供することとなる。

　ポリティカル・エコノミーは内政に係わる知の体系の1つとして発達する。近代に成立した主権国家体制は国家間での覇権争いを引き起こす。その争いの中で、各国はいわゆる富国強兵のための政策を模索する必要に迫られた。そのとき主権国家は自国の富国強兵を推進するためにポリティカル・エコノミーを必要としたのである。

　ポリティカル・エコノミーの形成へとつながる知の形式には主に3つの系統がある。①自然法学（内政学）、②商業の実践知、③政治算術の3つである。ポリティカル・エコノミーの知的源流としてのそれらの相関図を見てみよう（図1-10）。

　主権国家の行政を担う知の形式が内政学（ポリス）である。ポリスは今日、治安維持や防犯のみを指す言葉となっている。しかし本来は

国内の行政全般を表す言葉であった。内政学は自然法学の一部から独立して成立した。保健、公衆衛生、清掃、福祉、労働など生活行政全般に関する問題が内政学として論じられていた。ポリティカル・エコノミーは内政学の一部がさらに独立するかたちで新しい知の体系として成立したものである。

　国力は外国貿易により獲得できるとの考え方が出てくる。貿易差額説を中心とする重商主義の政策である。そこでは国内の産業を保護育成して輸出を奨励し、外国貿易の黒字を拡大することで国富の増大を目指すべきことが説かれた。貿易差額説は商人たちの実践知に基づくとされる。その背後に複式簿記の考え方からもたらされたバランスという概念の影響があったとされる。バランスの概念はものごとの平衡や収支などを示し、市場取引と交換的正義の論理とを結びつけることで商業活動の正当性を高めることに寄与した。

　富国強兵政策を推進するためには、国家の状態を正確に知る必要がある。国家の状態は国力として把握することができる。国力が分かれば、自国や他国の強さを比較することができるようになる。そのために国力を測定する技術が発明される。それが政治算術である。政治算術は領土と臣民の数量的把握を目的として17世紀のイギリスで発明された。統計学はこの政治算術を基礎として発展した。統計学（statistics）はラテン語のstatisticus（国家のことがらに関する）に由来するとされ、国家（state）との深いつながりを示している。経済学と統計学とは共に、国力の把握という主権国家の要請から生み出された学問である。

3

充足性の論理と希少性の論理

3-1 充足性の論理

◆発展段階論

　啓蒙の時代は文明の進歩が様々な角度から問われた時代である。言語や人種、法体系、政体などはどのようにして現在（18世紀）のかたちになったのか。西洋世界はどのような過程を経て現在のかたちになったのか。人間社会は進歩しているのか堕落しているのか。こうした問いに対する答えが探求された。この問いに答えるためには、出発点である起源とその後の発展などを知る必要がある。そこで起源から現在までの歴史的推移を推論によって解明することへの関心が高まることとなった。

　こうした文脈において社会発展に関する1つの理論図式が登場する。それが4段階理論である。4段階理論は社会発展の主因として生業形態（サブシステンス）に注目する。生業形態とは主要な生活手段に係わる活動の体系のことである。したがって生業形態は広義の生活様式と言い換えることができる。4段階理論は生業形態の違いを発展段階の違いとして理解することで、人類の歴史を文明の進歩の過程として推論的に跡づけるものである。

　社会の発展をいくつかの段階として整理するという考え方自体は古代からある。古代ギリシャにおけるヘレネス（ギリシャ人の自称）とバルバロイ（異民族）という彼我の区別にも段階論的な発想が含意されている。しかし4段階理論へと収斂していく近代の発展段階論の展開は、モンテスキューの『法の精神』を起点としているということができる。モンテスキューは同書の中で、野蛮、未開、文明という3段階の社会発展論を展開している。狩猟が生業形態の中心となる社会の段階が野蛮である。そして牧畜を中心とする段階が未開であり、商業が中心となる社会の段階が文明である。

　4段階理論はA. スミスとJ. テュルゴーにおいて完成を見る。モンテスキューは社会発展の主因を気候風土の違いとして説明していた。気候風土の違いが生業形態の違いを生み出す要因と見なされていた。し

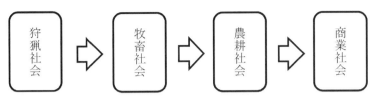

図1-11　社会発展の4段階理論

かしスミスやテュルゴーの理論において、生業形態の違いこそが発展の段階を決定する要因であることが明確に示されるようになる。4段階理論の公式化された図式を見てみよう（図1-11）。人間社会はこうした各段階を経て、現在（18世紀）の西洋世界に見られる商業社会へと進歩してきたとの歴史認識が18世紀後半に確立される。

　発展段階論の枠組みは多様な進歩の側面に適用されて、多くの理論を生み出していく。例えば、A. コントは人間の知性を軸にした発展論を提示している。そこでは神学的段階、形而上学的段階、実証的段階という順に社会は進歩するとされた。またE. タイラーは、宗教を軸にした野蛮、未開、文明の3段階理論を展開している。それぞれの社会段階にアニミズム、多神教、一神教という宗教の形態が対応するとされた。

　人類は単系的に進歩するという暗黙の前提もそこには含まれていた。こうした発展段階論の諸前提には、西洋文明の優位性を当然視する危険性が潜んでいる。発展段階論の枠組みは、近現代の地域間格差の構造を未開社会と文明社会という段階的な差異として固定化してしまう恐れがあるからである。実際、発展段階論は植民地主義や人種主義を正当化するための科学的根拠として利用されてきた。

　4段階理論の完成がポリティカル・エコノミーの形成を後押しした可能性を指摘するのはR. ミークである。商業社会へと至る歴史的発展の公式が確立されたことにより、商業社会それ自体の解明に関心が集中するようになったからである。生業形態を基準にして社会や文明の進歩を整理したうえで、現代社会の経済分析へ向かうという論述の

手順も踏襲されていく。古典派経済学さらにはマルクス主義の思想にも同型の手順を見ることができる。

　さらにはまた、それは社会発展論を静態分析から動態分析へと移行させる契機ともなったといえる。生業形態それ自体の変容を主導する要因とは何か。ポリティカル・エコノミーの関心はその後、生業形態の類型間の比較から富裕化の論理の解明へと軸足を移していく。そうした中で、分業の進展、商品交換の拡大、資本蓄積の進展などがその要因として新たに重要視されるようになる。

◆唯物史観

　生業形態を軸にする発展段階論は唯物史観という1つの歴史の見方と結びつく。それは資本主義社会の論理や諸問題を分析するためにマルクスやF. エンゲルスが依拠した歴史観であり仮説である。「唯物」とはマテリアルの訳語である。マテリアルとは物質や材料といった意味の語である。唯物主義（マテリアリズム）とは物質を重視する立場のことであり、唯物論とは物質を軸にした理論という意味になる。唯物史観とはつまるところ、人間社会の物質的側面に焦点を当てた歴史の見方ということになる。ちなみにマテリアリズムは、一般的には物質主義と訳されることが多い。

　人間社会の物質的側面とは何か。端的にいえば、それは人びとの経済生活のことである。人間は自然の事物を利用することで衣食住に係わる様々なニーズを満たす必要がある。人びとの生存に必要となる最低限の物資を継続的に確保できなければ、どのような社会であっても長期にわたって存続することはできない。これは人間社会に等しく当てはまる経験的事実である。マルクスはその事実のことを生活の物質的諸条件と呼んでいる。唯物史観とは、人間社会の物質的側面にまつわる諸条件を社会認識のための客観的基礎として重視する立場である。

　唯物史観では生活の物質的諸条件の違いが人間社会の発展を規定すると考える。生活の物質的諸条件の違いをもたらす要因とは何か。唯物史観は人間による自然利用の仕方の違いがその要因であると考える。

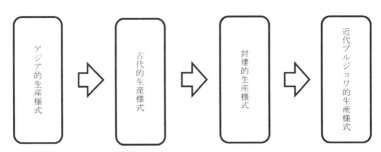

図 1-12　生産様式の推移

唯物史観において人間社会の総体は生産様式と呼ばれる。人間社会は生産様式が進歩することで次の段階へと発展するとされる。それは生産様式の違いに基づく発展段階論である。

　マルクスが『経済学批判』の中で提示した生産様式に関する発展段階論の図式を見てみよう（図1-12）。アジア的生産様式とは、土地の国有および大規模な灌漑農業を特徴とする社会類型である。古代アジア地域に多く見られるためにアジア的とされる。古代的生産様式は奴隷制社会を、また封建的生産様式は農奴制社会をそれぞれ念頭に置いた社会の類型化である。そして近代ブルジョワ的生産様式とは資本主義社会のことを表している。

　生産様式の概念について、もう少し詳しく見ていこう。生産様式は経済（自然利用）としての土台と社会（イデオロギー）としての上部構造からなる2層の構造として定式化されている。そこでは、経済が社会を下から支えるという両者の関係性が土地と建物のイメージで示される。

　土台としての経済は、生産力と生産関係との組み合わせで構成される。生産力とは当該社会の技術水準や資本蓄積のことを指す。技術や資本は生産活動としての自然利用の仕方や規模を決定づける要因として経済を規定している。それゆえ技術や資本は生産力の大きさを表すものである。他方、生産関係とは自然利用に係わる人間関係のことである。人びとは協働や分業をすることで効率的に自然を利用すること

が可能となる。それゆえ生産関係の様式もまた経済を規定する要因である。上部構造としてのイデオロギーとは法律、政治、宗教、芸術などの総体のことである。土台が人間社会の物質的側面を表すのに対して、上部構造はその精神的側面を表す。

　唯物史観や生産様式の理論はしばしば経済決定論であるとの批判を受けてきた。確かにマルクスは、生活（土台）が意識（上部構造）を規定するのであり、その逆ではないと述べている。しかしながらマルクスは、土台と上部構造とは相互作用する関係にあるとも述べている。マルクスの学説理解に関する留保も踏まえて、唯物史観は今日、経済決定論というよりは人間の自然利用や環境への適応といった意味での経済活動の重要性を強調する見方として理解されている。

◆労働から効用へ

　発展段階論や唯物史観の論理では、人間による自然利用の仕方が経済として捉えられている。経済の目的は人間の生命維持や社会の存続に必要十分な生活物資を給備することである。こうした見方に立つとき、経済とは生活物資の給備というかたちで人間社会を物質的側面から下支えする領域として認識されることとなる。それは充足性の論理に着目した経済の捉え方であるといえる。

　人間の自然利用の観点から経済を考えるとき、労働と技術と組織に注目することが重要となる。自然利用の仕方はこれらの要素の組み合わせによって規定されるからである。中でも労働は、様々な生活物資すなわち富を生み出す源泉として注目されていく。

　富の源泉としての労働という認識は、ポリティカル・エコノミーが自然法学の所有論の系譜を受け継いで発展させることとなる。中でもJ. ロックの所有論は自然法学とポリティカル・エコノミーとを結びつける重要な結節点としての役割を果たすものであった。ロックの社会契約論の中核には労働を中心とする所有論がある。ロックの所有論では、生命、身体、財産の安全や自由を目的として社会や国家が形成されることが説かれている。それは各人の所有の安全を保障する枠組み

として社会が形成されるとの論理に依拠している。自己の生命と身体とは当該個人の所有に属する。それゆえ自己の身体を用いた労働の成果物もまたその個人の所有となる。ロックの所有論では、労働が所有の正当性をもたらす。労働や所有をめぐるこのような自然法学の議論を下敷きとしてポリティカル・エコノミーの価値論が形成される。自然法学の所有論の系譜は、いわゆる労働価値説というかたちでポリティカル・エコノミーの知的枠組みの中に引き継がれていく。

　スミスからD. リカードへと引き継がれる労働価値説の議論は、不変の価値尺度の構築を目指す試みである。人間の労働の量を客観的に測定することで、不変の価値尺度として利用できると考えられた。

　経済学には水とダイヤモンドのパラドクスといわれる有名な問題がある。水は誰にとっても生活に必要なものである。水は有用性がとても高いにもかかわらず、交換においてその価値は低い。反対にダイヤモンドは生活の中でほとんど役に立たない。有用性が低いにもかかわらずダイヤモンドの交換における価値はとても高い。これが水とダイヤモンドのパラドクスである。スミスは『国富論』の中で、労働価値説に基づいてこのパラドクスを説明している。スミスによれば、財の有用性は財の使用価値として、一方、交換における価値は交換価値として整理することができる。スミスは2つの価値を区別したうえで、水とダイヤモンドの交換価値の違いは労働を尺度として説明可能であることを論じる。財の交換価値の高低は、それを得るまでに費やされた労働の量によって決まる。水は至るところに豊富にあるため、少ない労働で入手することができる。一方、ダイヤモンドの入手には多くの労働を必要とする。ゆえに水の交換価値は低く、ダイヤモンドのそれは高いというのが労働価値説に基づく説明である。

　労働価値説はしかしながら、容易に入手できた水であっても高い交換価値を持つ場合があること、あるいは、苦労して入手した水であっても低い交換価値しか持たない場合があることなどの事実を十分に説明することができない。その理由は、そこでは水一般の価値とある状況における追加的な水の価値とを区別していないからである。この問

題のために、財の入手に費やされた労働量の多寡は交換価値の不変性を保証する客観的な尺度として利用できないことが明らかとなる。

　水とダイヤモンドのパラドクスは客観的な価値尺度による説明を放棄することで別の解答が得られる。主観的価値に基づく限界効用理論である。効用とはある財に対して現在時点において予想される利便性の主観的な評価である。限界効用理論では財の入手に費やされた労働ではなく、人びとの主観的評価から価値の違いが説明される。すぐに多量の水を入手できる状況にある人にとって、追加的に得られる水の現在の効用は低いであろう。それに対して、水の入手が困難な状況にある人にとってその効用は高くなる。価値の源泉として重要なのは、財それ自体の客観的評価ではなく、人と財との関係性において決まる現在の主観的評価である。

　労働を中心とする価値論から効用を中心とする価値論への移行は経済学の歴史において1つの画期をなしている。価値の尺度の捉え方が客観的なものから主観的なものへと大きく転換されたためである。主観的価値の規定要因として重要になるのが希少性の論理である。こうした価値論の転換を契機として経済思想の重点は、充足性の論理から希少性の論理へと移行する。

3-2　希少性の論理

◆効用の概念と希少性の概念

　効用の概念とは事物の手段性の評価に係わる概念である。効用の概念は欲求充足や目的達成それ自体を意味するものではない。効用は欲求充足や目的達成から生じるのではなく、そのための機会の獲得や増大などの主観的評価から生じる。効用とは先述したように、ある財に対して現在時点において予想される利便性に関する主観的な評価である。予想される利便性は、財に対する手段性としての評価と言い換えることができる。つまり財の効用は目的に照らして有用な手段としての価値に由来して生じる。

　効用の概念を手段性の評価に焦点化して定義することの意義は、経済行為の一般化である。消費者による買い物、労働者による賃金労働、企業による販売促進活動、投資家による証券取引などの諸行為はすべて経済行為と呼ぶことができる。なぜなら手段性を志向するという点で、これらの多様な行為は共通性を有するからである。効用の概念は、欲求充足や目的達成という用語よりも包括的な行為を経済行為のカテゴリーに含むことを可能にする。

　一般的な経済行為とはしたがって、欲求充足や目的達成を求める行為ではなく、それらのための効用を求める手段-目的関係の思考および行為であると定義できる。例えば、「お腹が空いたのでオレンジを買って食べた」とする（図1-13）。この場合、目的は空腹の緩和であり、オレンジやそれを買うために支払った貨幣はそのための手段である。オレンジと貨幣に効用があるのは、それらを保持することで空腹を満たす機会が得られるとの期待のためである。オレンジと貨幣の効用は、それらの手段性に関する主観的評価のゆえに生じている。効用を求める行為は目的達成のための機会を求める行為であるともいえる。経済行為としては、買ったオレンジを実際に食べたかどうかは重要ではない。厳密にいえば、空腹という状況下でオレンジを買うことを決定し、それを入手したところまでが経済行為である。

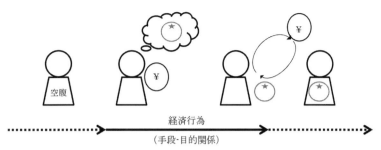

図 1-13　経済行為の範囲

　希少性は目的達成のための資源や時間などが有限であるという状況を表す概念である。資源や時間などを財と呼ぶとすれば、希少性を財の有限性と言い換えることができる。財の有限性は日常生活のあらゆる場面に遍在する条件である。それは手段の選択を余儀なくさせる制約要因として行為過程に介入し、手段-目的関係という思考様式に影響を及ぼす。

　希少性は一般に「需要に対しての有限性」と定義される。希少性とは「めったに存在しない」という意味ではない。それは事物の客観的な性質ではなく、人びとの評価に対する主観的かつ社会的な性質を表す概念である。希少性の概念にとって重要なのは、事物の客観的な数量それ自体ではなく、利用可能性という社会的な要因や有用性という人びとの主観的な要因である。希少性とはしたがって、多様な需要（欲求）に対する社会的評価の反映であるといえる。希少性の概念と効用の概念とはこの点において接合される。需要に対する手段の有限性が諸財の主観的評価の規定要因として作用することで、各人の効用を構成するという図式が希少性の論理を軸とする経済行為の理論的前提である。

　希少性の論理を軸に価値を考える場合、豊かさについての捉え方も変わる。物財それ自体の多寡はもはや豊かさを測る有効な尺度ではなくなる。特定の物財が物理的に豊富にあるとしても、誰もそれを欲しがらなければ社会的に無意味である。豊かさを考えるためには、希少

性のある財の入手可能性や利用可能性をその尺度としなければならない。その場合に豊かさの向上の鍵となるのが、需要と供給のマッチング（一致）の効率性である。需要と供給のマッチングに関する効率性が向上することで財の入手や利用の可能性は増大する。

　市場は諸財の希少性の変化を価格変動というかたちで効率的に調整できる優れた制度である。希少性の論理において市場が重視されるのはこのためである。人びとの欲求が多様化するほど、諸手段の希少性を調整するための制度としての市場の重要性は高まる。市場経済が社会の富裕化をもたらすとの主張は、効用と希少性という主観的価値の尺度に係わる2つの概念を接合した論理によって基礎づけられている。

◆経済行為の形式的条件

　希少性の論理を軸にして経済学の研究領域を定式化したのがロビンズである。ロビンズは従来の経済学の物質主義的な定義の不十分さを指摘し、それを形式的な定義に置き換える作業を行う。ここでの「形式的」とは、思考様式や論理の範型（パターン）という意味である。経済の概念を、人間による自然利用という行為の実体的な側面からではなく、行為選択という人間の思考様式の側面から基礎づけることがロビンズの企図である。

　ロビンズは人間の行為選択における特定の思考様式を経済行為として定義する。そこでロビンズが経済行為の要素として着目するのが希少性の論理である。希少性の論理は人間社会に普遍的に存在する行為の条件であるとロビンズは考える。なぜなら、すべての人間にとって、利用可能な資源と時間とは有限だからである。人間は限られた資源と時間の制約の中で行為を選択しなければならない。ほぼすべての行為選択において、人間は経済的に行為しなければならないことをそれは意味している。それゆえ経済行為を扱う経済学の理論的枠組みは人間の生活のあらゆる場面に適用することが可能である。

表 1-1　経済行為の４つの形式的条件

①目的の多様性（複数性）
②諸目的間の重要性の差異
③時間と手段（資源）の希少性
④時間と手段（資源）の代替可能性

> 経済学は、諸目的と代替的用途を持つ希少な諸手段との間の関係としての人間行動を研究する科学である。
>
> （ロビンズ『経済学の本質と意義』）

　この引用はロビンズによる経済学の定義である。希少性の論理と手段-目的関係という人間の思考様式とを結合することで経済行為に関するこの定義が導かれる。ロビンズにおいて、希少性の論理は人間存在を規定する普遍的な条件である。それゆえ希少性の論理には手段-目的関係という行為選択の問題が必然的に付随する。希少性の論理と手段-目的関係という思考様式との強固な結びつきがそこでは前提されている。

　経済行為に関する形式的条件は4つある（表1-1）。経済行為はこれら4つの条件をすべて満たす状況でのみ実現の余地が生じる。これらの条件は人間存在の基本的な行為枠組みを構成する。そのためこれはロビンズの考える人間像の定式化であるともいえる。4つの条件のうち、①と②は目的に係わるものであり、③と④は手段に係わるものである。

　①目的の多様性とは、人間存在の経験的な前提条件である。人間には様々な欲求があり、その充足を目的とする。人間の欲求には生存に係わる生理的なものから人間関係や自己実現などに係わる社会的、精神的なものまで多様なものが含まれる。また人間はつねに複数の欲求を同時に持つ存在である。ゆえに目的は複数性という性質を有する。他方、②諸目的間の重要性の差異とは、複数の目的の間で順位づけが

できるということである。例えば、ゲームをすることと寝ることという2つの目的を実現したいとする。そのとき、今はとても疲れているからまずは寝ようと決めたということは、寝ることがゲームをすることよりも重要性の高い目的として主観的に価値づけられていることを意味する。

　③時間と手段（資源）の希少性とは、客観的な有限性に関する制約のことである。人間は生活の中で自由に使える時間が限られている。またいつかは必ず死を迎える。そのために時間は希少性を有する。また資源についても無尽蔵に使えるものは1つもない。自然の制約または社会的な制約のもとで、資源は有限性を有する。他方、④時間と手段（資源）の代替可能性とは、それらの手段を異なった目的のために任意に使えるという意味である。先ほどの例でいえば、時間は寝ることにもゲームをすることにも使うことができるということである。

　4つの条件のどれか1つでも欠けると経済行為の余地は生じなくなる。例えば、達成したい目的が1つしかない（複数性がない）ならば、そもそも選択の余地がない。また目的が2つあるとしても、両者を達成するための時間と資源が十分にある（希少性がない）ときは両方の目的を達成できてしまうので選択する必要がない。また時間や資源などの手段を他の目的のために使おうとしない（順位づけできない）場合や使えない（代替可能性がない）場合にもやはり選択の余地は生じない。異なった重要性を持つ諸目的およびその充足のために使える希少性を有する諸手段が経済行為のための条件である。

◆経済行為の社会的条件

　ロビンズが定式化した経済行為論の枠組みでは、目的や手段についての評価づけの基準は所与とされる。経済学の研究対象はあくまで手段-目的関係の潜在的に可能な組み合わせの全体を形式的に示すことであるとされたため、その枠組みから捨象されている。それに対して、経済行為に社会的条件を組み込んだ議論を展開したのがウェーバーである。ウェーバーは経済社会学の理論的枠組みの構築を目指していた。

それは社会的行為論の枠組みを経済の領域に適用する試みであった。ウェーバーのいう社会的行為とは、行為者の主観的意味において他者の行為が考慮され、そうした他者との予期される関係性からの影響を踏まえてその選択が志向される行為である。ここには社会的行為の条件として、①主観的意味、②他者、③予期という3つの制約要素が示されている。

ウェーバーもまた、希少性の論理を軸にして経済行為の条件を論じている。ただしロビンズと異なる点は、希少性の論理を社会的行為の観点から検討しているところである。手段-目的関係の形式的条件の理論的枠組みでは捨象されていた社会的要素を規定要因として組み込むことで、効用の限定性の論理を示すことが可能になる。効用の限定性とは別言すれば、社会的な制約ということである。経済行為の形式的条件が選択可能な手段-目的関係の論理的な範囲の全体を示すのに対して、社会的条件は特定の手段と目的との親疎の度合いを介して経済行為の規範的な範囲の全体を示す。

効用の限定性を含む手段-目的関係の論理は経済社会的行為と呼ばれる。経済社会的行為の理論とは、社会的行為に関する3つの制約要素を手段-目的関係の社会的条件として組み込んだ経済行為論の枠組みである。ウェーバーも効用の追求が経済行為の中心的要素であることは認める。それゆえ経済社会的行為も、効用を軸とした手段-目的関係の思考様式である点に変わりはない。ただし社会的条件が加味されることで効用それ自体が所与ではなくなる。効用とは予想される利便性に対する主観的評価のことである。その主観的評価の規定要因として、社会的行為の諸要素が効用の構成に影響を与えることを考慮に入れる。効用をめぐる形式的条件に社会的条件を付加することで、効用の限定性すなわち手段-目的関係の思考範囲が限定されることの論理を組み込んだ図式を提示することがウェーバーのねらいである。

ウェーバーの議論を下敷きにして、経済社会的行為の4つの特徴をまとめてみよう（表1-2）。①手段性とは、行為の直接的な志向が欲求充足や目的達成それ自体ではなく、それらのための機会の獲得に向け

表 1-2　経済社会的行為の４つの特徴

①手段性	機会の獲得
②選択性	希少性による制約
③競合性	排他性の設定
④蓋然性	予期の介在

られていることを意味する。この点は効用を軸とする経済行為一般の特徴と同じである。②選択性とは、希少性による制約のことである。ただし経済社会的行為の枠組みにおいては、希少性を所与と考えるのではなく、集合的な価値観の反映と捉える。様々な事物は各人の目的性に照らして比較秤量できる価値中立的な選択肢として形式化されるわけではない。それぞれの事物はまずは伝統や道徳や宗教的信念などの集合的な価値観に照らして手段性の是非が問われる。その結果、手段-目的関係の思考範囲は限定される。③競合性とは、手段性の獲得が他者との競合の中で行われることを意味する。ある個人による財の獲得とは、その財に対する排他性を設定することでもある。それはその財の利用すなわち手段性の機会の専有を通じて、自分以外の他者をその機会から排除することを意味する。④蓋然性とは、目的達成までの間に不確実性の要素が介在することである。経済行為は機会の獲得であるため、機会の獲得が目的達成を完全に保証するわけではない。それゆえ手段-目的関係の思考様式には合理性と信頼の要素に基づく予期が伴う。人びとは経済社会的行為において、一方では時間や他者に由来する不確実性を考慮し、他方では制度や文化への信頼を踏まえつつ機会の獲得を追求する存在として措定されている。

4

経済と社会

4-1　経済の位置づけ

◆労働と自然

　西洋世界では人間らしさとは何かという問いのもとで理性中心の人間像が追究されてきた。人間存在の精神性を重視する立場は観念論と呼ばれる。理性中心の人間像は観念論の立場を強く反映するものである。観念論の根底には、人間の身体性に対する貶下およびそれに対する精神性の優位という考え方がある。そうした観念論の傾向は例えば、古代ギリシャ思想におけるイデア論、キリスト教神学における神の似姿としての人間論、ルネサンスや啓蒙における人間理性の称揚などのかたちで西洋の思想史に繰り返し現れてくる。理性中心の人間像は人間らしさの理想を示すものとして、西洋ヒューマニズムの思想の中核を担うものとなる。

　唯物史観における人間による自然利用としての経済のイメージは、理性中心の従来的な人間像、ひいては理性偏重の西洋ヒューマニズムに対する批判としての意味合いを持っていた。唯物史観を含むマルクスやエンゲルスの思想はマルクス主義と呼ばれる。マルクス主義は、身体性を有する現実的人間から出発して歴史や社会を把握するための理論的枠組みを構築することを目指す立場である。それは人間存在のイメージを神の似姿から労働する動物へと大きく転換するものであった。

　マルクス主義の人間像の中核は「労働する人」である。マルクス主義のいう現実的人間とは、自然を利用しながら環境に適応する身体的存在としての人間である。身体は労働することで自然と相互作用を行う。人間は自然との相互作用を通じて生命を維持するための物質的基盤を継続的に確保しなければならない。また人間社会を存続させるためには成員となる人間の数を確保しなければならない。それは生命の維持と再生産に係わる問題としての経済の側面である。エンゲルスはこの点について次のように簡潔に述べている。

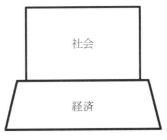

図 1-14　土台としての経済

> 　唯物論の見解によれば、歴史における究極の規定要因は、直接的な生命の生産と再生産である。
>
> （エンゲルス『家族・私有財産・国家の起源』）

　マルクス主義は人間の理性よりも労働を重視する。人間らしさの本質はその身体性にある。マルクス主義はそれゆえ、人間存在や人間社会の基礎に経済を位置づける。それが土台としての経済のイメージである。経済と社会の関係性は土地と建物との関係性に類比され、土台と上部構造として定式化される。土台としての経済が建物としての社会を下から支えるという関係性がマルクス主義の基本的なイメージである（図1-14）。

　土台としての経済というイメージは、労働する人びとの生活基盤の維持という問題と密接なつながりを有する。社会を支える土台が労働であるとすれば、当該社会の存続にとって人びとの労働力を継続的に確保することがなによりも大切な問題となる。経済の問題は生活の安全や安心に関する衣食住の幅広い領域を含むものとなる。

　マルクス主義はまた、階級という視点を経済の分析に導入する役割を果たした。階級とは同じような境遇（生活状態）に置かれた人びとを指す概念である。同じ境遇の人びととはその生活様式もおおむね同じである。そうした人びととは生存に係わる利害関係も共通であるため、共通の考え方や政治的立場などを持つようになる。

階級の構成員が共有する意識は階級意識と呼ばれる。階級意識とは同一の必要や運命（生活の展望）から導出される自己認識のことである。共通の利害関係に立脚した集団は一致団結して階級として行動するようになる。1つの階級は他の階級とは利害関係が異なるため階級間でしばしば衝突が生じる。この点において階級とは紛争を引き起こす基礎単位ということができる。階級間の利害対立をめぐる紛争が要因となり社会変動が生じるとの考え方は、階級闘争史観と呼ばれることもある。

◆利害と信念

　社会を下から支える物質的基盤、それが唯物論やマルクス主義が考える土台としての経済のイメージである。先に確認した通り、そうした唯物論的な経済の見方は、経済が社会のすべてを決定するといった経済決定論の立場を取ることを必ずしも意味しない。しかしながら唯物論やマルクス主義の立場は経済決定論であるとの通俗的な解釈が広まったことは事実である。経済と社会との関係性をどのように捉えるかの議論をめぐって、経済決定論的な見方の行き過ぎに対する揺り戻しの動きが唯物論批判として出てくる。

　揺り戻しの作業において、経済が社会から影響を受ける側面が強調される。物質的存在としての人間像に対して、とりわけ人間存在の非物質的な側面すなわち精神的存在としての人間像が対置される。生活の物質的基盤や人間と自然との相互作用に注目する唯物論的な見方に対する批判として、そうした揺り戻しの動きは、利害と信念との相互作用の帰結が経済に与える影響を考慮することの重要性を指摘することで、経済と社会との関係性を包摂関係としてイメージし直そうとするものであった。

　社会に包摂される経済のイメージを図式化してみよう（図1-15）。これは経済と社会の相互作用を想定しつつ、経済の領域が社会総体に包摂されているようなイメージで両者の関係性を捉えるための理論的枠組みである。経済と社会を包摂関係として捉えることは、経済決定論

図 1-15　利害としての経済

のたんなる裏返しの論理を主張することではない。社会に包摂された経済との見方は、経済の領域を1つの思考様式として概念化するための企図である。それは利害に基づく手段-目的関係として経済を捉えるためのイメージの転換である。

　唯物論の理論的枠組みにおいては、人間の労働が重要視される。労働を介して自然を利用し環境に適応する過程を経済と見なして理論の根底に据えているためである。利害としての経済という見方は、こうした「労働する人」という人間像に対する批判としての意味合いを持っている。自然に働きかける身体的存在としての人間像は、生存や物質的利害の問題としてしか経済を論じることができない。人間の経済を捉えるためにはそれでは不十分である。人間は身体の生理的ニーズを充足するための物質的基盤がなくては生存することはできない。生存に係わるそうしたニーズは確かに、人びとの利害を構成するし、行為のための重要な動機となる。とはいえ人間の行為は生存のニーズだけに規定されるものではない。

　人間はときに自己の生存を危険にさらしてでも信念や理念、あるいは使命や職責に従うことを優先することがある。それは行為動機の複合性に由来する葛藤である。行為動機における葛藤は生存を危うくするような極端な状況でなくても生じる。人びとの生存の利害はむしろ精神的な価値や社会的な義務からの制約という規範的枠組みに囲繞されていることのほうが多い。それゆえ経済の領域を利害として考える際には、その利害関心の範囲を外側から制約する規範的要因の影響を考慮する必要がある。

利害の考慮としての経済という視点は、人びとの行為の主観的意味を問題にすることを要請する。それは利害に基づく手段-目的関係の思考様式が信念や理念などの規範的要因から制約される側面を経済行為の理論的枠組みに持ち込むことである。ウェーバーは、経済と社会の関係性を利害と信念（理念）という2つの行為動機の間の相互作用として把握する図式を提示している。信念の作用とはいわば転轍手であるとウェーバーはいう。信念は、向かうべき場所（目的）や考慮すべき道順（手段）などについて、人びとに一定の方向性を与えるからである。信念は人間の生き方の範囲を限定し、それを「世界」や「状況」として意味づける規範力である。一方、信念の作用が転轍手であるとすれば、利害の作用は車両の運転手である。人びとは意味づけられた世界や状況の中で、実際に何を為すべきかを利害に照らして決定する。利害は、信念が決めたレールの上をどれくらいのスピードで走行するかを適宜に判断し、実際の車両の運行を制御する役割を果たす。

◆形式主義と実体主義

　ポラニーは「経済的（economic）」という語が2つの意味を併せ持つことに着目して、経済の捉え方の2つの方向性を論じている。ポラニーはそれらを経済の形式的意味と実体的意味と呼ぶ。形式的意味とは論理から派生する経済のイメージである。手段-目的関係と手段の希少性に条件づけられた選択の状況がこの意味における経済である。一方、実体的意味とは事実から派生する経済のイメージである。物質的欲求の充足手段を継続的に給備するための人間と自然との相互作用および人びとの社会的関係性の総体がこの意味における経済である。経済の意味をめぐるポラニーのこの区別は、これまで見てきた経済の2つのイメージの違いと重なる。

　ポラニーはあらゆる経済の分析に適用できる理論的枠組みの構築を目指していた。その知的作業の軌跡がポラニーの経済人類学と今日呼ばれるものを形作っている。ポラニーは実体的意味から経済を捉えることの必要性を強調する。そうしたポラニーの経済人類学の立場は実

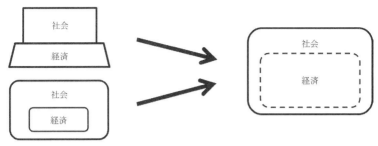

図 1-16　社会に埋め込まれた経済

体主義（あるいはポラニー派の経済人類学）と呼ばれるようになる。それに対して、形式的意味から経済を考える立場や理論は形式主義と呼ばれる。

　ポラニーが打ち立てた実体主義の経済人類学は、形式主義と実体主義との間の論争を引き起こす。論争は1960-70年代を通じて行われた。論争の過程で経済人類学は、実体主義を方法論的な拠りどころにして固有の学問としての位置づけを志向していく。形式主義と実体主義との間に共通する部分はないとポラニーはいう。両者はまったく違う意味合いにおいて経済を捉えているためである。それゆえ両者を統合するかたちで経済の総体性を捉えるための理論的枠組みの構築へとポラニー派の経済人類学が向かうことはなかった。

　結局、形式主義と実体主義との論争は明確な決着を見ることはなかった。そればかりか、その論争は、未開社会と文明社会の相違、あるいは市場社会と非市場社会の相違にこだわるあまり、それらの間の経済の仕組みの対照性を過度に強調するという弊害をもたらした。ただし今日から振り返ってその意義を考えれば、その論争は結果として経済人類学が自己の学問の立ち位置を自問する機会になったといえる。そうした自問の中から新たな経済のイメージを模索する動きも生まれてくる。

　ポラニー自身の実体主義の位置づけとは裏腹に、経済に関する従来の2つのイメージを統合するような新たな経済と社会の関係性がポラ

ニーの経済人類学の中に含まれている（図1-16）。従来の2つのイメージにおいても、経済と社会との相互作用は認識されていた。新たなイメージではそれに加えて、経済が社会の中に埋め込まれているという視点が明確化されている。これは人間の経済の総体性を考えるという経済人類学の学問的立場をより鮮明に示すものである。

　経済が社会に埋め込まれているとのイメージはポラニーが提示した「埋め込み」の概念に由来する。C. ハンらによれば、「埋め込み」の概念を最初に用いたのはおそらくR. トゥルンヴァルトであるという。ポラニーは実体主義の分析手法の特徴を明示するために、トゥルンヴァルトからこの語を借用した。経済が社会に埋め込まれているとは、物質的手段の継続的給備の仕組みが制度化された過程として社会の中で機能していることを意味する。ポラニーは、人間が自然を利用する過程あるいは人間と環境との相互作用の過程に見出せる特定のパターンを経済の統合形態として捉えるための学問的枠組みとして経済人類学を構想していた。埋め込みの概念には、そうしたポラニーの経済に対する見方が反映されている。

　経済の領域を希少性の論理と手段-目的関係から捉える視点を批判したポラニーは、充足性の論理と物質的手段の給備体系という実体主義の視点から経済を捉えようとする。ここでの充足性の論理というのは、特定の社会が存続していくために必要な物質的手段を継続的に確保しなければならないという人間集団の生存に係わる利害性のことである。ただし実体主義において利害性の論理は、人間集団の継続性すなわち社会の凝集性の維持に係わる行為動機に包摂されている。したがって、実体主義は物質的手段の充足を人びとの直接的な行為動機とは見なさない。この点において、実体主義の視点は唯物論の視点と異なっている。

4-2 形式と実体の統合

◆経済の統合形態

　ポラニーは経済過程に統一性と安定性とを与える制度化の基本類型を提示している。社会における経済の位置はこれらの基本類型の組み合わせと配置によって決まる。それゆえ制度化の基本類型は経済の統合形態と呼ばれる。制度化の要素には個人と集団の両方が含まれる。個人間の関係性、集団間の関係性、個人と集団との関係性の分析に援用できる。

　制度化された経済過程は、①互酬、②再分配、③交換という3つの基本類型に整理することができるとポラニーは考える。これらの類型は個人間の関係性を示すと同時に、それ以上にその背後にある集団内および集団間の次元での経済の統合形態を示すものである。

　経済の統合形態に関するポラニーの3類型を図示してみよう（図1-17）。図中の丸印は経済主体を表している。個人や組織や共同体など様々な社会的単位が経済主体になり得る。実線の矢印は、統合形態が規定する物質的手段の移動の方向性を表している。また破線の矢印は、移動の可能性はあるが類型の本質的要素でないことを示すものである。

　互酬とは、行為の対称性あるいは物質的手段の移動の対称性を特徴とする統合形態である。そこでは贈与の連鎖による関係性が想定されている。贈与による物質的手段の移動の基本形は一方向である。贈り物の送り手から受け手への一方向の移動である。ときに受け手から送り手への返礼（反対贈与）が行われることもある。そのときには図中の実線と破線の矢印とが行為やモノの移動のペアとなっているように見える。しかし互酬の本質は、2者間での双方向的な関係性の構築ではなく、一方向的な関係性の連環である。ある主体は贈与を受け取る機会と与える機会とを持っており、主体間で見た場合、それが対称的な関係性になっている。それが互酬の特徴である。

　再分配とは、中心性を有する行為あるいは物質的手段の移動である。物質的手段はいったん中心に集まり、そこからまた各所に移動してい

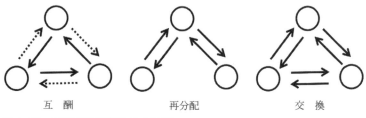

互　酬　　　　　　　再分配　　　　　　　　交　換

図 1-17　経済の統合形態の 3 類型

く。こうした統合形態としては具体的に、国家などの政治的共同体が
想定されている。国家は国民に租税を賦課し、集めた税収を様々な用
途に支出することで物質的手段の再分配を行う。なお、家政や荘園な
ども中心性を有する経済の統合形態である。それらは自給自足的な性
質の強い小規模な再分配の制度といえる。

　交換とは、行為あるいは物質的手段の移動の双対性を特徴とする統
合形態である。交換においては互酬とは異なり、相互に反対方向を指
す2つの矢印が必ずセットになって主体間の関係性を構築する。交換
という統合形態は、市場が経済制度として機能するための物質的手段
の移動の類型である。交換される財は基本的に等価となることが要請
される。ただし、市場の交換において共通の価値尺度としての価格が
必ず必要というわけではない。取引対象が限定されている場合には、
それらの財の間の交換レートが慣行的に決定されていれば取引が可能
（管理価格制）となるからである。ただし、市場が統合形態として自律
的に機能するためには取引における価格決定のメカニズムが不可欠と
なる。ポラニーはそうしたメカニズムを有する自律的な市場を価格決
定市場と呼ぶことで、その特殊性を強調している。

　制度化された過程としての経済というポラニーの視点には機能主義
的な見方が含まれる。機能主義の視点を導入することで、経済行為の
個人的次元と社会的次元とを重層的に捉える枠組みを作ることができ
る。経済制度は実体としては社会に埋め込まれている。それらは人び
との非経済的動機に基づく種々の行為連関を規定する構造を形成する

と同時に、物質的手段を継続的に給備する体系としての機能を果たすことで、経済過程の作用を社会内に組み込むことを可能にしている。経済過程は互酬、再分配、交換という基本パターンの組み合わせからなる制度配置を通じて社会内での位置づけが与えられる。ポラニーの機能主義的な理論は、諸個人の生活を組織的に統合しつつ同時に自然環境にも適応している社会の全体像を捉えることができる道具立てである。その道具立ては、社会間の交流に伴う財の移動も基本パターンの組み合わせとして捉えることを可能にする汎用性を持つ。

◆制度化された過程としての経済

　例外的な状況を除き、物質的手段の充足という目的が人びとの行為動機を主導することはないとポラニーはいう。物質的手段の継続的給備の構造という「経済的」な事実は、人びとの様々な非経済的な行為の帰結として、社会的次元において事後（痕跡）的に見出されるにすぎない。これがポラニーのいう埋め込みである。経済過程の制度化は人びとの非経済的な相互行為を規定する半ば自生的な秩序として立ち現れるものであることをポラニーは以下のように述べている。

> 　実在の経済がどのように制度化されているかの研究は、経済が統一性と安定性、すなわち諸部分の相互依存性と反復性を獲得する方法からはじめられなければならない。これは、統合の形態とでも呼べるような、ごく少数のパターンの組み合わせによって達成される。……経済の部分とレベルをいくつかに識別すれば、これらの統合の形態は比較的単純な用語で経済過程を記述する手段を与え、ひいては、際限のないほど多様な経済過程に一定程度の秩序を与えてくれるであろう。
>
> （ポラニー「制度化された過程としての経済」）

　物質的手段の給備体系という経済過程には、社会的な価値体系に規定された意味が付帯する。ポラニーが指摘するように、諸個人の行為動機を構成する社会的条件との接続を欠くところでは、物質的手段の

給備を継続的に可能にする社会的な構造と機能は生成しない。別言するならば、経済過程がたんなる物質的諸要素の物理的、生物的、心理的な問題としてのみ立ち現れるときには、人間の経済が有意味性を帯びた固有の社会的な問題領域として認識されることはないということである。この点からすれば、人間存在の理念的側面や戦略的側面も経済の領域に含まれると考えることもできる。しかしながら実体主義の観点からすれば、諸個人の次元における理念や戦略などの行為動機はあくまで物質的手段の移動や専有などに随伴する現象にすぎない。

　実体主義に含まれる機能主義的な視点に留意することで、その理論的射程が明瞭となる。機能主義は、社会の存続あるいは社会構造の維持という視点から人びとの行為の意味を探る。社会構造が諸個人の行為を方向づけるのであって、諸個人の行為の集積が社会構造を形成するのではないというのがその基本的な考え方である。それゆえ物質的手段の給備体系という社会的次元に照らして個人的次元は付随的な位置を占める。

　実体主義の視点に立つことで、経済行為の個人的次元と社会的次元とを同時に捉えることが可能になる。それは経済行為を主観的な意味と社会的な機能との2側面から捉えることを意味する。社会的次元において物質的手段の継続的確保という充足性の意味合いを持つ「経済」行為が、個人的次元における主観的な行為動機としては「非経済的」な企図であるという状況を実体主義は総体的に説明することができる。

　例えば、ある資産家が自己の宗教的信念に基づき慈善活動を継続的に実践しているとしよう。彼は活動の一環として豪華な食事を人びとに振舞うイベントを開催している。この行為は社会的次元から見ると、偏在する物質的手段を食事の提供というかたちで再分配するという「経済的」な充足性の機能を持つ。一方、個人的次元においては、利他性に基づく「非経済的」な動機から慈善活動が実行されている。実体主義はこうした行為の状況を経済が社会に埋め込まれていると捉える。

ところで、この資産家がじつは名声を得たいとの思いから、気前の
よさや度量の広さを見せつけるために定期的に豪華な食事を振舞って
いるとしたらどうであろうか。この場合、物質的手段の再分配という
社会的次元における充足性の論理は変わらないままである。しかし個
人的次元の動機は、名声という社会的価値を手にしたいという「非経
済的」な希少性の論理から生じていることになる。実体主義の理論的
枠組みは、これら2つの状況の違いがどのように生じるかを説明する
ことができない。特定の行為動機と物質的手段の給備の仕組みとの関
連性を事実に即して総体的に説明することはできるけれども、それら
の関連に蓋然性があることを実体主義は論じることができないからで
ある。これらの状況は、経済に関する事実として記述されるのみであ
る。

　実体主義はまた、行為選択の問題も扱うことができない。いまの例
でいえば、宗教的理念の実践にしろ、名声の獲得にしろ、商品券の配
布や奨学基金の設立など他の手段を用いてそれらの目的が実現される
可能性もあったはずである。物質的手段の再分配を実現する経済過程
がなぜ食事の提供というかたちを取るのかについて実体主義は答える
ことができない。手段-目的関係という問題領域が実体主義の枠組み
から排除されているためである。

◆埋め込み概念の再考

　ポラニーは形式主義の経済概念を批判するために、実体主義という
1つの対抗軸を打ち出した。形式主義の経済概念を成立させている3つ
の中核的要素を析出し、それらの論理をポラニーは批判する。①手段
-目的関係（目的合理性）、②希少性（手段の不足）、③利害性（飢餓と利得
の動機）である。ポラニーの批判は経済が社会に埋め込まれているこ
とを強調する戦略としては有効である。しかしながら、ポラニーは実
体主義の立場の優位性を強調するあまり、3つの要素の結合から導出
される問題系の全体を放棄するところまで進んでしまう。その帰結と
して、ロビンズが批判した物質主義が再び経済の定義に持ち込まれる

こととなる。これらの3つの要素、とりわけ手段-目的関係を経済の定義から取り除くとすれば、その代わりとなる立脚点は物質的な要素しかないからである。

　形式主義を批判するのであれば、その理論的枠組みにおいてこれら3つの要素の結合が暗黙裡に前提とされている点、またその結合から導出される論理のみが経済の領域として狭く定義されている点などの不十分さを指摘すれば足りる。また経済が社会に埋め込まれていることは、目的の道具性の論理のみが人びとの行為動機を構成しないこと、すなわち行為動機の複合性を前提することで形式主義的な枠組みの中でも目的の成就性の側面を取り扱うことができる。ポラニー（およびポラニー派の経済人類学）の行き過ぎは、手段-目的関係という思考様式が希少性と利害性との間に必然的な結びつきを示すことの形式主義的な前提を、形式主義者と同様に、メタ理論的に自明視してしまったことである。手段-目的関係の思考において生じる選択状況のすべてが戦略的行為に係わることをポラニーは自明視していたということもできる。

　利害性を物質的利害に、そして手段-目的関係を希少性に制約された戦略的行為に読み替えたうえで形式主義の問題系全体をポラニーは批判した。物質的利害と非物質的利害の分別、希少性の制約のある手段-目的関係と制約のない手段-目的関係、これらの概念がポラニーの実体主義の議論の中で捻れた論理構造を示している。この点での概念整理の不十分さを抱えているために、ポラニーの経済人類学は経済の総体性を考えるための枠組みとしての包括性を欠くものとなっている。利害性にまつわる物質主義の制約を取り払い、さらに、希少性と手段-目的関係との結合の自明性を解きほぐす。そのうえで利害性と手段-目的関係との結合の自明性から自由になる。こうした見地に立つことで、形式主義と実体主義との統合の可能性が見えてくる（図1-18）。それは、手段-目的関係を軸に、動機の複合性および制度化された過程に係わる問題系を統合的に取り扱うための理論的枠組みの構築を模索することである。

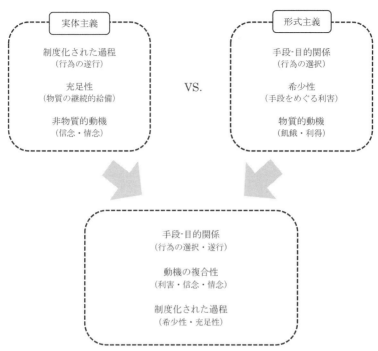

図 1-18　実体主義と形式主義の統合

　埋め込みの概念をもう一度考えてみよう。経済が社会に埋め込まれているという視点には、次の2つの問題系が含まれる。1つは手段としての価値がある対象（物質的および観念的）の移動や専有が社会に埋め込まれていることに係わる問題系である。もう1つは経済行為の動機が社会に埋め込まれていることに係わる問題系である。

　手段的価値の対象が埋め込まれているとの意味は、当該社会の存続のために必要な諸手段を給備する仕組みが人とモノの制度化されたパターンとして観察されるということである。それは機能主義的な視点から経済を見ることである。他方、行為動機が埋め込まれているとの意味は、各人の手段-目的関係という主観的な状況設定が社会的要素からの規定を受けて決まるということである。これは象徴主義的な視

点から経済を見ることにつながる。なぜならそうした状況とは、利害と信念との関係性の議論で確認したように、手段-目的関係の思考において利害性に由来する動機が理念に由来する動機に包摂されていることを意味するからである。信念や理念に従うことは、それらの基盤にある価値体系や象徴体系に従うということである。象徴主義はそうした特定の価値体系が無意識的または意識的に手段-目的関係の思考枠組みに影響を及ぼすと考える。

　現代の経済人類学において、ポラニーは実体主義の創始者として扱われている。ポラニーはまた、機能主義という新たな視点を経済人類学にもたらした先駆者の1人としても評価することができる。しかしポラニーのより大きな功績は、物質主義的な不十分さを残しながらも、埋め込みの概念を用いて経済のカテゴリーの拡張を試み、人間の経済を総体的に論じるための理論的枠組みの必要性や重要性を一貫して主張し続けたことである。

5

経済行為の合理性

5-1 合理性の意味

◆2つの合理性

　形式主義と実体主義の論争を経過した今日の経済人類学は、両者の接合または統合を可能にする理論的枠組みを模索することとなった。経済が社会に埋め込まれていることを理論的にどのようなかたちで提示することができるか。その1つの試みは、行為動機の複合性の理論化である。目的の道具性に基づく動機が成就性に基づく動機に接合または包接されることの論理は行為動機の複合性という枠組みにおいて示すことができる。その理論化に向けた出発点としてウェーバーの行為論を参照することが有益である。ウェーバーは行為動機の複合性を扱う理論を手段-目的関係をめぐる思考および行為の合理性の議論として展開しているためである。

　ウェーバーは行為の合理性を形式合理性と実質合理性の2つに区別する（表1-3）。形式合理性とは、目的達成に向けた最適な行為としての合理性の追求である。これは先述した手段-目的関係の3つの捉え方における経済学の図式に相当する。所与の目的を実現するために最適な手段の組み合わせを選択するような行為の範型である。極端にいえば、目的実現以外の規範性の一切は行為選択の思考において捨象されているため、きわめて利己的な行為となる。それは行為選択において目的の道具性のみを抽出した合理性の範型であり、人間関係や道徳規範などの成就性の部分は抜け落ちている。

　他方、実質合理性は目的の成就性の側面を手段-目的関係の思考に組み込んだときに定式化される合理性の範型である。これは経済社会学の手段-目的関係の捉え方に相当する（図1-19）。実質合理性では諸手段の選択が利害性の規範のみに基づき検討されるのではなく、諸手段それぞれに付帯する社会的な意味づけや価値づけも考慮の対象とされる状況が想定される。諸目的についても各人が自由に設定できるわけではなく、やはり社会的背景との関係で想起可能な目的や実行可能な目的に限定される。

表 1-3　2つの合理性

形式合理性	「最適な行為」としての合理性 　⇒所与の目的実現のための最適な手段選択
実質合理性	「理解可能な行為」としての合理性 　⇒社会規範による手段と目的の不可分性

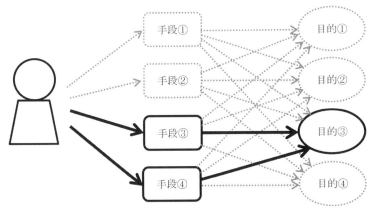

図 1-19　実質合理性のイメージ

　図中で、手段や目的やそれに向かう矢印の一部が点線で示されている。これはそれらの手段や目的が行為の選択肢になり得ないことを表している。実質合理性の思考において、種々の手段と目的を最適性の基準だけで自由に連結させることはできない。人間関係や文化などから生じる規範の影響を明示的または暗黙的に受けることで、各人の手段-目的関係の思考や行為選択の過程は制約される。手段と目的とは諸々の規範によってその連結にある程度の不可分性を帯びているともいえ、それが当該行為を社会的に理解可能なものにしている。実質合理性とはつまり、理解可能性という意味合いの行為の合理性を表しているといえる。

　形式合理性と実質合理性の違いを単純な例で確認しておこう。いま、ある人がお金を手に入れるという目的を設定したとしよう。この目的

を実現するための手段は無数にある。アルバイトをする、家族からもらう、金融機関から借りる、空き巣に入る、他人の財布を盗むなどである。形式合理性に基づく判断ではこれらの手段を無差別に検討して目的達成のための最適な手段を選択する。その結果、空き巣に入るという選択が最適と判断すれば、それを実行する。他方、実質合理性では、たとえその状況において最適な手段が空き巣に入ることだとしても、それは犯罪であり、社会通念上してはならない行為としての意味づけに基づき実行可能な選択肢の範囲から除外されるかもしれない。実質合理性の判断において、空き巣に入るという手段（おそらくは他人の財布を盗むという手段も）は、そもそも選ぶことができないのであり、その分、手段選択の範囲が限定されることになる。

◆規範に同調する意志としての合理性

　パーソンズはウェーバーの行為論を批判的に検討する作業を通して、主意主義的行為という独自の行為論の理論的枠組みを構築している。主意主義は、行為において各人の意志の役割を重視する。刺激に対する反応（本能や情念や環境といった各人が制御できない要因に起因）のみで人間の行為動機が形成されるものではなく、意志という能動性の関与があることをパーソンズは主意主義的行為という枠組みを用いて主張している。

　行為動機における意志の作用とは何か。それは行為選択にあたって人びとが、自発的に規範に同調するという経験的事実のことである。パーソンズはそれを規範的志向と呼ぶ。規範的志向は主意主義的行為論における根本的要素である。人びとの行為が社会の中で実践される限り、この規範的志向は不可欠であるとパーソンズは指摘する。人びとの行為動機から規範的志向が除外されたとき、そこに残るのは利害や情動や衝動などの受動的要素だけである。こうした受動的要素によって喚起された目的は利己的な打算のみに基づく合理性の追求の対象となる。最適な行為としての合理性の追求である。

　規範的志向は行為における利害と規範の関係性の問題を論じるため

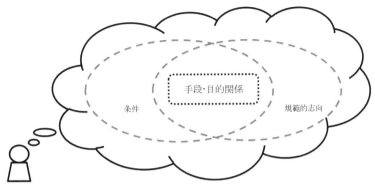

図 1-20　主意主義的行為の図式

に導入された概念である。この点で主意主義的行為の理論はウェーバーの合理性の問題を引き継いでいる。パーソンズが述べるように、主意主義的行為は手段-目的関係の思考に係わる。手段-目的関係に基づく各人の行為が利己的な利害動機のみによって実行されるとき、安定した社会秩序の形成や維持は不可能である。パーソンズが提起したこの問題は今日、ホッブズ問題と呼ばれている。ホッブズ問題とは、人びとが利害動機のみに基づいて互いに行為するときに安定した社会秩序は成立し得ないという問題である。T. ホッブズは社会契約の論理を用いて強力な国家の設立というかたちでこの問題を解決しようとした。一方、パーソンズは理性による解決ではなく、自発的な規範への同調という意志による解決の論理を提示した。

　主意主義的行為の論理を図式化してみよう（図1-20）。手段-目的関係に基づく個々の行為選択の場面をパーソンズは単位行為と呼ぶ。単位行為は、①目的、②手段、③条件、④規範的志向という4つの構成要素からなる。目的は当該の単位行為が志向する事象の未来状態のことである。手段と条件とは行為の状況に係わる要素であり、状況の中で行為者が目的に合わせて制御可能なものが手段であり、不可能なものが条件である。規範的志向は規範への同調の意志である。パーソンズは手段-目的関係の思考をこのような枠組みとして定式化する。条

件からは行為のための道具性が生じ、規範的志向からは成就性が生じる。道具性と成就性という2つの背景要因からの影響を受けながら、手段-目的関係の実行可能性の範囲、すなわち手段と目的の結合の範囲が単位行為ごとに決定されていく。

　パーソンズの主意主義的行為の枠組みは、ウェーバーの実質合理性の行為類型を精緻化したものであるといえる。実質合理性の判断において人びとは特定の手段や目的を選択肢として排除している。さらに特定の手段と目的とはある程度の不可分性を帯びて行為選択の過程に現れる。人びとが手段-目的関係の思考において規範への同調を意志すること、それは当該行為の理解可能性や予測可能性を高める。それはまた社会の中で正当な行為として他者から承認される可能性も高める。人びとが規範に同調して行為する結果、諸手段と諸目的の結合の範囲に限定性が生じる。この限定性が人びとの相互行為に安定した秩序をもたらす。実質合理性の論理は規範的志向によって基礎づけられている。実質合理性が社会秩序の安定化を可能にしている論理をパーソンズの主意主義的行為論は明らかにしている。

◆ハビトゥスと行為実践

　手段-目的関係に関するウェーバーやパーソンズの議論を行為の実践面に焦点を当てることでさらに展開したのがブルデューである。ブルデューはハビトゥスという概念を使って行為の実践の論理を説明する。ハビトゥスとは持続性を持ちつつ時間の中で変化し続ける心的諸傾向のシステムとして定義される。心的諸傾向のシステムを構成する要素は過去の経験である。過去の経験が累積的かつ逐次的にシステムに統合されることで、持続的にシステムすなわちハビトゥスは変化していく。つまりハビトゥスはポジティブ・フィードバックの仕組みを備えたシステムである。

　ブルデューはハビトゥスのことを構造化する構造とも呼んでいる。人びとは行為実践の場面でハビトゥスから一定の志向性へと響導される。実質合理性の論理と同様に、行為選択において一定の手段と目的

に関する選択の可能性をハビトゥスがあらかじめ排除するためである。ハビトゥスからバイアスを被るかたちで人びとの行為選択は構造化され社会の中に組み込まれる。そもそも人間関係や資源配分や象徴体系などからなる社会構造それ自体がそうした構造化された諸行為の相互作用の産物であり、累積的変化を経て制度化されたものである。ハビトゥスは新たな個人的または集団的な経験をフィードバックしながら、既存の心的傾向や人間関係や資源配分などを安定化させるように作用する。

　ブルデューの行為論では手段と目的との結合に不確定性が想定されている。手段と目的とは、行為者の主観的価値に照らして明確な結合関係を持つことはない。目的設定が明確ではないとき、あるいは手段-目的関係が明瞭でないときでも人間は手段-目的関係において自己の行為選択を実践できるし、実際にはそうした行為のほうが圧倒的に多いとブルデューは考える。手段や目的に対する価値づけ、あるいはそれらの結合規則などはハビトゥスによって緩やかに限定されているのみで、それらは行為の実践の中で蓋然的に決定され、事後的に意味づけがなされるにすぎない。行為実践を可能にする手段-目的関係の思考枠組がハビトゥスによって緩やかに限定される中、その選択可能性の範囲内では種々の手段と目的とが可塑性を保ちつつ結合を繰り返す。

　また、ハビトゥスは身体化されることで、社会構造と諸個人とを行為の実践において連動させる役割を担う。身体化されたハビトゥスの実践をブルデューは、ハビトゥスからの偏差と呼ぶ。人びとは模倣を通じてハビトゥスを多少の偏倚を伴いながら個々に身体化していくからである。人びとは他人の行為を模倣することで自己の振舞いの適切性を習得する。行為の模倣とは、たんに一連の作業や動作を見よう見まねで形式的に反復する過程ではない。またそれは、規則や手順などが明確に規定された教本に従って機械的に反復学習することとも違う。行為の模倣はこれらの中間的な学習である。身体は、ハビトゥスに制約されつつ、モノ、人間関係、象徴体系などとの連動性のもとに、特

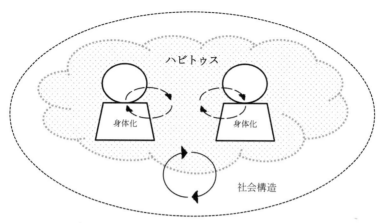

図 1-21　ハビトゥスと行為の実践

定の動作やリズムや象徴的意味づけを系統的に体得していく。

　ハビトゥスと行為実践との関係を図式化してみよう（図1-21）。ブルデューはこのような図式で、主観性、身体、社会構造（人間関係や象徴体系など）を行為の実践において統合的に理解しようとする。それにより、手段や目的が歴史的かつ文化的な限定を被ると同時に、その限定の範囲内では手段と目的とは自由な結合の余地を持つことの論理を行為選択の図式に組み込むことが可能となる。各人の手段-目的関係の思考を文化と時空間（歴史）という社会的次元に連結するものがハビトゥスであり、ハビトゥスは諸個人の行為実践を通じて絶えず変化し続ける。行為の決定論と自由論とを総合するための鍵をブルデューは行為の実践の中に見ていることが分かる。

5-2　合理性の範囲

◆合理性と時間の概念

　ブルデューは従来の経済行為の分析が客観主義という名のもとに暗黙裡に前提してきた条件を明らかにしつつ、客観主義が依拠するその条件が従来の分析枠組みを不十分なものにしている点を浮き彫りにしている。従来の客観主義の分析枠組みが前提している条件とは何か。それは線条的で客観的な時間概念である。客観主義の分析枠組みは、行為主体の多様な主観的時間を捨象して、1つの線条的な客観的時間のみを扱っている。ブルデューが従来の分析枠組みを批判する大きな理由の1つはここにある。線条的な客観的時間が前提されることで、人びとの期待に関する客観的な合理性を分析の対象とすることが可能となる。しかしながら、客観的合理性を志向する行為主体を人間の経済行為の図式として一般化することはできないというのがブルデューの考えである。そうした経済行為すなわち手段-目的関係の思考様式に係わる客観的合理性とは、時間に対する特定の性向を有する主体のみに当てはまるにすぎない。

　手段-目的関係の思考様式が線条的な客観的時間の中で展開される場合、客観的合理性に基づく期待が形成可能となるのは、当該行為に係わる個人もしくは外部環境のどちらか1つの要素が固定化されるときである。ここで固定化とは、未来という未実現の目標点に対して、そこに至るための現在地を逆算的に同定することを指している。個人と外部環境のどちらか1つが固定化されることで、行為帰結の最適化のための手段と目的のうち少なくとも1つが決定可能になる。個人という要素の固定化は、価値観の同定を可能にする。それは行為主体である当該個人の価値観が固定化することにより、特定の目的実現のための「手段」の選択可能性を打算的に検討する範囲が確定できることを意味する。他方、外部環境の固定化は、当該行為の状況への適合度の主観的評価を可能にする。それはすなわち、状況に対する最適な適応という「目的」が設定できるようになることを意味する。

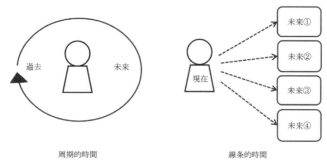

図1-22　2つの時間概念

　ブルデューは経済行為の背後にある時間概念の違いを予見と予測の
違いとして説明する。予見は周期（循環）的な時間に由来する概念で
あり、予測は線条的な時間に由来する概念である。2つの時間概念そ
れぞれのイメージを図示してみよう（図1-22）。

　予見とは未来の目標点を想像する中で、これから来るべき状態を過
去から伝統的に受け継がれてきたイメージに一致させようとすること
である。予見された未来とは、過去および現在とひとつながりのもの
として直接的に把握される唯一の未来である。周期的時間のイメージ
は再現性というかたちでその唯一の未来の具体性を支えている。そこ
に選択可能な複数の未来というイメージはない。したがって予見され
た未来には計算可能性や効率性などの形式合理性の作用が入り込む余
地はない。それに対して、予測とは選択可能な複数の未来を打算的に
想像しつつ、抽象的なイメージにおいて未来の目標点を把握しようと
することである。予測される未来は現在と切り離して考慮することが
できる。線条的時間というイメージは、歴史的に規定された一本道を
迷わずに進むということではなく、行き先にいくつもの分岐が待ち構
えている道を後戻りできない状態でどちらに進むかを決定しなければ
ならないという世界観に人びとを導く。

　周期的時間のイメージにおいて、過去と現在は未来と切れ目なしに
つながっている。そうした時間観念を持つ社会では、人びとに計算の

禁止を促すとブルデューは述べる。選択可能な複数の未来というイメージが計算や効率といった要素を手段-目的関係に持ち込む。それゆえ、そうした複数の未来を考慮する必要がないところでは計算も必要なくなる。計算の禁止は、蓄財や利得に対する非難といった特定の道徳性を育む。そのため周期的時間を持つ社会では、個人的所有の観念は未発達となり、共有の制度が維持されることとなる。

◆日常生活の中の合理性

H. サイモンは手段-目的関係の思考において、主観的効用の最大化や最適化を想定するような合理的な意思決定は実際の人間には不可能であることを指摘する。サイモンはこうした意思決定理論の人間像を超人モデルと呼ぶ。超人モデルでは、①自己の効用関数の認知、②代替的戦略の網羅的把握、③矛盾のない同時確率分布の計算可能性、④主観的効用の最大化に基づく選択などの諸条件が意思決定に係わる個人の能力として前提されている。この超人モデルのような意思決定ができるのは全知全能の人間だけである。

サイモンの批判は人間の知識や思考の不完全性という観点からなされている。サイモンはとくに、人間の知識や思考（計算）に関する無矛盾性や網羅性といった想定がきわめて非現実的であることを強調する。実際の人間は意思決定にあたって、つねにあらゆる目的を衡量して優先順位を設定しているわけではないし、またあらゆる手段を網羅的に検討しているわけでもない。そもそも人間は意思決定にあたって行為選択の状況をそのように複雑な問題として構成、処理していないとサイモンはいう。

合理性の論理は、行為の目的それ自体を決定することはできない。目的が限定あるいは特定されている状況において、その目的達成のための手段選択を検討可能にすることが合理性の領域である。人間の合理性とは、自己の状況をより包括的に複雑化して検討可能にするために作用するものではない。むしろ反対に、状況を限定し簡略化して検討可能にするためにこそ合理性は作用する。サイモンはこうした合理

性の作用に着目するがゆえに、諸個人の意思決定過程の実践的な論理を限定合理性という概念を用いて定式化している。

　サイモンは車の購入を例にして、限定合理性のもとでの実践的な意思決定過程の論理を説明している。私たちが車の購入を検討するとき、その問題は特定の問題状況として眼前に現れている。特定の問題状況という意味は、車の購入という問題を自己の現在と未来に関するあらゆる生活上の諸問題との整合性を踏まえて検討してはいないということである。それは例えば、この冬のボーナスの使い道の問題として、車を購入しようか、家族旅行に充てようか、住宅ローンの繰上返済に使おうかといった、きわめて限定された選択肢の範囲のみに注意を向けて、その中で車の購入の優先度や損得などを考えているということである。そこでは、車の購入に係わる詳細な損得計算などは行っていないし、ボーナスを使ってしまうことに係わる多様なリスクなどを網羅的に検討することもしていない。情報の縮減すなわち問題の簡略化こそが人間の合理性の実践における大きな役割である。無限に複雑な意思決定の状況を簡略化して特定の選択問題へと落とし込むことで、手段-目的関係という思考様式に外界の情報を組織化できる人間の能力が限定合理性である。

　限定合理性のもう1つの作用は、簡略化した問題枠組みの中での意思決定の基準を設定することである。問題が簡略化されることで、効用の最大化や最適化を意思決定の基準とすることはできなくなる。効用の最大化や最適化を計算するためには、選択肢の網羅的な検討が必要となるが、問題の簡略化によりそのための情報が不足するからである。限定合理性のもとでは各人の納得ということが意思決定の際の基準となる。サイモンはこの納得ということを満足化と表現する。納得するということ、すなわち満足化の基準とは、特定の問題状況の中でその選択肢を選ぶことに特段の不満はないということを意味している。

　限定合理性の問題は、人間の認知をめぐる問題へとつながっている。J. レイヴはサイモンの議論などを踏まえて、計算に関する学習知識が日常生活の中でどのように実践されているかを調べ、それが状況に依

存していることを明らかにした。算術的な知識という抽象的な計算ルールを多様な状況に合わせて活用することで計算という実践が行われるわけではない。計算はたんに算術的な学習経験や活用能力の有無に係わる実践ではなく、日々の活動の繰り返しという具体的な状況の中で各人が固有に定式化する経験的技能である。レイヴは同種類の計算問題を抽象的に考えてもらうことと、実際的な生活の場面で具体的問題として考えてもらうこととを比較する実験を行った。すると、同じ個人でも計算問題に関する筆記試験の結果と、日々の業務や食料品の買い物といった日常的な生活の場面での計算の結果との間の正答率に大きな違いが出ることが分かった。計算するという人間の能力が行為の状況と無関係に合理的判断のための道具としていつでも同じように使用できる学習知識ではないことをレイヴの研究結果は実証している。

◆合理性の2層構造

　合理性は複合的な意味を含む概念である。ここでは合理性の概念を2つの層に分けて、経済行為への作用を考えてみよう。合理性の概念を構成している下位の概念的要素は、便宜性と打算性という2つのカテゴリーに分類することができる。両者の関係は2層構造になっており、手段-目的関係の構成に段階的に作用すると考えられる。この便宜性と打算性という区分は、ウェーバーの2つの合理性概念を下敷きにして考案したものである。便宜性は実質合理的な行為の特徴を、打算性は形式合理的な行為の特徴を引き継いでいる。

　便宜性のカテゴリーには、①簡略性、②想起可能性、③適宜性、④納得性の4つの下位概念が含まれる。簡略性と想起可能性の概念は主にサイモンの限定合理性の考え方を下敷きにしている。簡略性とは無限に複雑な行為状況を特定の手段-目的関係として様式化して扱えるように情報を縮約することである。想起可能性も同じく、特定の事物のみに注目を向けることで、自己の意思決定過程の思考枠組みの中においてそれらに目的や手段としての意味づけを与えることである。こ

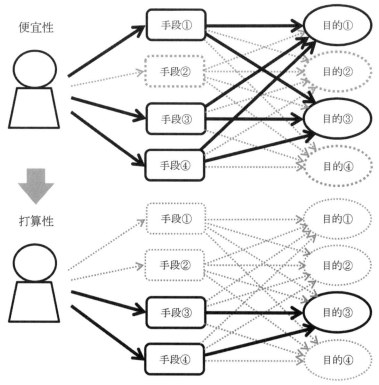

図 1-23　合理性による 2 段階的な手段-目的関係の構成

うした合理性の作用により、人間にとっては無限に複雑な混沌とした
外界を有意味な行為状況へと変換することが可能となる。こうした合
理性の側面はヒューリスティック（経験則）と呼ばれることもある。
他方、適宜性と納得性は合理性の社会的次元との接点を表す要素であ
る。適宜性とは行為の目的や手段が、当該行為を取り巻く道徳や習慣
や対人関係などの社会規範に照らして、許容される価値づけを持つか
の判断基準として作用する。また納得性とは、ある手段や目的、さら
には手段-目的関係の追求それ自体が主観的な価値づけにおいて許容
されるものかどうかの基準を構成する。

一方、打算性のカテゴリーには、①効率性、②計算可能性、③予測可能性、④制御の4つの下位概念が含まれる。これらの概念はG. リッツァの合理化の議論を参照している。効率性と計算可能性は、特定の問題として構成された諸手段と諸目的との関係性を衡量可能にする合理性の作用である。効率性はその判断基準であり、計算可能性は代替的な選択肢を比較するための根拠を作り出す。予測可能性と制御は、行為や意図の実現性や再現性を高めることに係わる合理性の作用である。人間の知識や技能の不完全性から生じる行為実践の不確実性を少なくすることで、特定の問題状況の様式化に安定性を付与する。

　これら2つの合理性のカテゴリーは、手段-目的関係の構成に際して2段階的に作用する。図式化してその作用の仕方を確認してみよう（図1-23）。まずは便宜性としての合理性の側面が意思決定過程に作用することで、行為状況に係わる諸事物から手段と目的として選択可能な範囲を限定し、経済行為の緩やかな問題枠組みを思念可能にする。行為状況を特定の手段-目的関係として問題化した段階で、もう1つの合理性の側面としての打算性が作用する。打算性は便宜性が構成した問題枠組みにおいて、効率性や実現可能性などを考慮して特定の目的と手段との組み合わせを選択可能にする。このように経済行為の実践過程において、合理性は手段と目的を2段階的に限定化する役割を担っていると考えることができる。

　便宜性としての合理性の作用は、経済行為の実体主義的な側面を手段-目的関係の思考様式において表現したものと見ることもできる。経済を制度化された過程として捉える実体主義の視点には、手段や目的やその組み合わせの範囲が予め限定されていることの論理が含まれるためである。一方、打算性としての合理性の作用は、経済の形式主義的な側面を手段-目的関係の思考様式において表現したものと見ることができる。手段-目的関係という形式主義の視点にはそもそも、たとえそれがある限定された範囲内であるとしても、あるいはさらに行為動機がどのようなものであるとしても、手段と目的の組み合せには選択の余地が潜在することの論理が前提されているためである。合

理性の作用を二層構造と捉えることで、実体主義と形式主義の2つの視点を接合することができる。

第 2 部

経済行為の基盤

6

文化の役割

6-1　文化の見方

◆生存装置としての文化

　文化の役割とは人間の生物学的な生存を保障することである。マリノフスキーは文化をこのように捉える。生存を保障することは、生存のためのニーズを充足することであると言い換えることもできる。文化的行為とはしたがって、人びとが協働し、自然環境を利用することで種々のニーズを充足するための様式のことである。文化とはこの意味で、人びとの生存を支える1つの総合的な装置（仕組み）であるということができる。

　生物学的な生存には、人間の個体としての生存と集団としての生存という2つの次元が含まれる。人間のニーズは、①基本的ニーズ、②手段的ニーズ、③統合的ニーズの3つに分類することができる。基本的ニーズとは、個人の生命や集団の存続を維持するために最低限必要とされるものであり、主に衣食住に係わる。一方、手段的ニーズと統合的ニーズは共に派生的ニーズと呼ばれる。派生的ニーズとは、文化を通じて基本的ニーズを継続的に充足するために新たに生じてきたニーズである。当初何らかのニーズを満たすための手段として欲求の対象であったものがそれ自体として求められるようになる。その結果、諸事物の意味づけや価値づけが変化し、それに伴い手段-目的関係の連鎖も複雑化していく（図2-1）。マリノフスキーは手段的ニーズの例として、経済（生業）、規範、教育、政治などに係わって生じるニーズを挙げる。これらは資源利用のルール、利害調整の仕方、権力に基づく支配など、人間の協働を可能にしたり、資源の配分を平和裡に行ったりするためのニーズである。また統合的ニーズとは、知識、宗教、呪術などである。これらは価値体系の共有や技芸の様式化などを可能にし、集団の凝集性を維持するために必要なニーズである。文化は生存維持の装置として、こうした種々のニーズの充足を実現する価値の体系である。

　文化が人間のニーズを充足する作用をマリノフスキーは機能と呼ぶ。

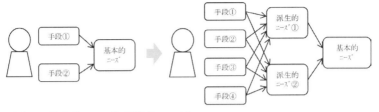

図 2-1　基本的ニーズと派生的ニーズ

文化的行為がどのようなニーズをどのような仕方で充足しているかを
明らかにすることがマリノフスキーの考える機能分析である。マリノ
フスキーの機能概念の根底には、生命活動としての人間の営みがつね
に想定されている。基本的ニーズにしろ、派生的ニーズにしろ、その
手段-目的関係の連鎖を辿っていけば、人間の生命活動に行き着く。
複雑に見える文化的行為も生命活動との関連で考えればその機能を明
らかにすることができるとマリノフスキーは考えている。

　文化は1つの総合的な装置として人間の生存を保障している。それ
は種々の機能の複合として作用する総体である。文化を構成する種々
の機能はすべて、人びとの相互行為という様式において作用する。相
互行為の様式とは、すなわち組織のことである。生存のためのニーズ
の充足を継続的に集団として追求するためには、人間は必ず何らかの
組織を作らなければならない。マリノフスキーは組織としての人間集
団において、その集団内に特定の価値体系が共有されているものを制
度と呼ぶ。制度は人間組織を特定の目標達成に向かわせるひとまとま
りの単位である。制度は規範というかたちで、人びとの行動を制約し、
人間関係を定式化する。どのような様式において生存のニーズが充足
されているか。それは制度を分析することで明らかにすることができ
る。

　手段-目的関係としての経済行為について、その実行可能性の範囲
や様式性は文化が決定している。経済行為はそれゆえ、文化の中でそ
の実践の再現性を高める。文化の過程には物質、組織、シンボルとい
う3つの次元が含まれる。物質とは文化を通じた自然の利用のことで

ある。組織とは、社会的紐帯をもたらす行為の様式化および相互行為の定式化のことである。またシンボルとは、意味作用を通じた条件づけられた反応のことである。文化の過程はこれら3つの次元の総合的作用である。その1つの次元だけを切り離して調べるだけでは文化を十分に理解することはできない。生命活動の維持を志向する行為も当然に、文化という背景に照らしてその機能を捉えなければならない。文化と経済行為との関係はその機能と制度とを分析することで捉えることが可能となる。

◆限定装置としての文化

　マリノフスキーの機能主義は生存維持という観点から文化を諸機能の総体として捉えている。こうした文化の見方は、特定の社会を総合的に記述することの重要性を指摘するものである。社会を総合的に捉えるという考え方をさらに一歩進めると文化相対主義の立場につながる。

　文化相対主義の立場は、社会を記述する際に文化の統合形態の把握を最も重視する。文化相対主義のいう文化とは、考え方や価値基準の基盤という意味である。それゆえ文化の統合形態とは、人びとが共有する価値基準と言い換えることが可能である。当該社会の価値基準を統一的に把握すること、これが文化相対主義の重視する文化の統合形態の把握ということである。

　それぞれの社会にはそれぞれ独自の統合形態がある。結婚の形態、生産技術、政治方式など、個別の制度の枠内で人びとが具体的に実践する認識、判断、選択のすべてにおいて、その背後には文化の影響がある。文化は人びとの価値観と行動とを特定の方向に限定する役割を果たしている。したがって、文化相対主義では経済（生業）や政治や教育など、個別の制度の把握や分析ではなく、そうした諸制度の制度配置を根底において規定している文化の作用を総体的に把握することが優先される。

　文化相対主義において、文化とは外部環境を人間にとって有意味な

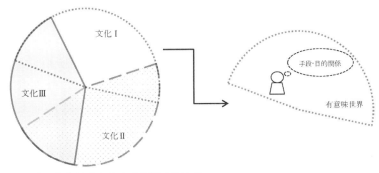

図2-2　文化統合と有意味世界の限定性

世界に転換するための装置であるということができる。人間はある特定の価値基準を受け入れることではじめて、有意味な世界を生きることが可能となる。それはシンボルを介して世界を認識することであり、同じ価値基準を共有する他者と有意味なコミュニケーションを継続することである。

　この有意味な世界の構成があってはじめて、人びとは自己の行為において事物を目的および手段として認識することが可能となる。これは人間の経済行為すなわち手段-目的関係に基づく思考様式というものが、文化的な限定を前提としてしか成立しない有意味な行為連関であり、コミュニケーションであるということを示している。

人間に可能な行動を1つの円として、どのような社会でも、その円の1つの弧の部分を選んでいる。

(ベネディクト『文化の型』)

　文化相対主義の考え方はR. ベネディクトのこの言葉に要約されている。この円弧の比喩を使って、文化相対主義の考え方をイメージ化してみよう (図2-2)。図中にある円は、人間が潜在的に実行可能な行為の全体を表している。それはまた、人間が外部環境を有意味な世界として理解できる可能性の範囲を表すものでもある。ただし、円全体

を認識したり考慮したりすることは人間にはできない。円全体の情報量は人間にとって複雑すぎたり、矛盾を含んだりしているため、統合的な価値基準やシンボル体系として有意味化できないからである。文化相対主義が考える文化の役割とは、人間にとって複雑すぎる外部環境からの刺激を縮減し、人間が理解し互いにコミュニケーションが可能な範囲にその有意味世界を限定することである。それぞれの社会は、それぞれに固有の円弧の範囲に情報を縮減することで、独自の文化統合を実現している。

　文化による有意味世界の限定とは、あくまで世界をどのように見るかに関する限定の仕方の違いである。したがって、そこに文化間の優劣という発想は含まれない。文化間の優劣という発想は、文化相対主義ではなく、自文化中心主義の考え方から生じる。自文化中心主義とは、自己の文化の限定性を基準として、他の文化を否定することである。

◆緩衝装置としての文化

　文化は社会構造として世界を有意味化し、人びとの思考や相互行為を安定化することができる。この点で社会構造は確かに、人びとの認識や行為を一定の方向に規定する力を持っており、その帰結として人びとの間に認識の共有や行為の反復などを可能にしているといえる。しかしながら、文化あるいは社会構造は硬直的で厳格なシステムではない。人びとの認識や行為を規定する社会構造の作用はある程度の揺らぎを許容する。そうした揺らぎは、既存の価値体系からの偏倚や逸脱となって現象化する。それはシステムの不完全性であると見ることもできるが、同時に変化への柔軟性を備えていると見ることもできる。

　文化や社会構造は時間の中でつねに変動している。文化や社会構造のこうした動的側面を手段-目的関係の再構成として理論的に捉えようとしたのがR.ファースである。ファースは社会構造と社会組織とを区別することで文化の変動が説明可能になると考え、組織化の概念を使って、時間の中で文化が変動していく一般的な理論枠組みの構築

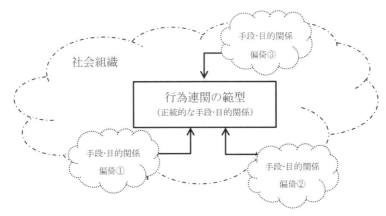

図2-3　偏倚的行為と組織化

を試みる。

　ファースによれば、組織化とはものごとを計画的に実行しようとする人びとの相互行為の過程のことである。平たくいえば、組織化とはものごとの編成ややり方という意味である。それは目的に応じて個々の行為を系統立てて配列し、一定の行為連関として範型化していく過程であるといえる。

　このようにして組織化された特定の行為連関の範型が社会組織である。社会組織は個人と社会構造との間にあって両者を接続する役割を果たす。文化や社会構造の柔軟性は個人レベルでの認識や思考や利害などの偏倚すなわち多様性をもたらす。そうした個人レベルでの偏倚を共通かつ正統の基準である社会構造に接続し、両者間の離齬をすり合わせて社会的許容の範囲内に調整するのが社会組織である。偏倚的行為が組織化され、行為連関の範型に接続されるイメージを見てみよう（図2-3）。社会組織は様々な偏倚的行為を組織化することで、社会構造や文化的規範を維持したまま、その実際のやり方だけを変更することを可能にする。それゆえ外的要因による環境の変化などからも文化や社会構造を守る役目を果たすことができる。

　ファースは文化が社会組織という柔軟性を有するがゆえに、緩衝装

置としての役割を果たすことを指摘する。小さな偏倚や逸脱の影響は人びとの相互行為の中で輻輳されて、結果として社会構造の変動へとつながっていく。社会構造が変動するということは一面において、それまでの価値基準や相互行為の安定性が損なわれてしまう危険性が生じることを意味する。しかし、そうした変動の影響から人びとを保護し、既存の価値基準に新たな価値を接続する機能も社会組織の作用である。

　文化や社会構造の変動は、既存の手段-目的関係の再構成を促す。各人は行為選択のたびごとに、自己の置かれた状況の中で従来の正統的な手段-目的関係を便宜的に評価することを繰り返している。その個人的評価の過程において、正統的な手段-目的関係に規定された行為連関からの偏倚が生じる。それは当該社会の価値基準や行為規範からの逸脱である。

　ある個人の偏倚的行為はそれに対する他者のさらなる偏倚的行為を誘発する。正統的な予期から外れた行為に直面した人びとは、その想定外の行為に対して何らかの対応を取らなければならないためである。その行為を是認するのか否認するのかをめぐって、新たな選択決定がなされる必要がある。人びとによるこうした相互決定の積み重なりの帰結として、手段-目的関係の再構成が起こる。すると再構成された手段-目的関係を実現することができる特定の行為連関に対して、新たな正統的価値が付与されるようになる。行為連関の正統性は、多くの偏倚的行為とのせめぎ合いを通じて継続的に見直され続けていく。

6-2 文化の捉え方

◆参与観察と機能主義

　文化人類学の歴史において1922年は1つの画期をなしている。この年に2冊のモノグラフが出版された。1つはマリノフスキーの『西太平洋の遠洋航海者』であり、もう1つはA. ラドクリフ゠ブラウンの『アンダマン島民』である。文化人類学の新たな方法論がこの2冊の出版と共に確立されたといわれる。新たな方法論とは、参与観察と機能主義である。

　参与観察とはフィールドワークの1つの手法である。参与観察では、調査者が長期間にわたり調査地に滞在し、現地社会の一員として生活する。現地語の習得に努め、現地の人びとと交流し活動を共にする中で資料を収集し、様々な出来事を経験的に把握、記述することがその目的である。参与観察とは調査地の社会をいわば内側から理解するための方法論であるといえる。その理想は、個々の資料をまとめ上げ、現地社会を統一的全体として記述することである。それは、現地の人びととの交流を通じて、1つひとつのものごとや出来事に付与される主観的意味や文化的価値などを丹念に記述しつつ、人びとの意味世界を再構成していく作業である。

　一方、機能主義は現地社会を外側から理解するための方法論であるといえる。現地社会の構造を俯瞰的な視点から全体として再構成することがその目的である。技術や宗教や家族など、社会を構成する諸要素が社会の中で果たす一定の作用や役割のことを機能という。機能主義はそうした社会の構成要素を個別に取り出して記述するのではなく、それらの間の相互作用の全体を記述しようとする。

　なお、機能主義の理解には2つの立場がある。それはマリノフスキーとラドクリフ゠ブラウンとの立場の違いに由来する。機能とは社会の中で何かのニーズの要請との係わりにおいて生じるものである。マリノフスキーとラドクリフ゠ブラウンは、このニーズの要請の基盤が何かという点において立場を異にする。マリノフスキーの立場は、

 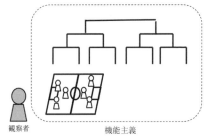

観察者

参与観察　　　　　　　　観察者　　　　　　　　機能主義

図2-4　参与観察と機能主義との相互補完関係

個人主義的機能主義と呼ばれることがある。それは個体および種の生存という観点から機能を捉えているためである。マリノフスキーは生物学的なニーズへの対応という視点から社会の機能を分析している。それに対してラドクリフ＝ブラウンの立場は、構造機能主義と呼ばれる。ラドクリフ＝ブラウンは、社会体（社会構造）の維持という視点から機能を論じているためである。それは、社会統合というニーズとの関係で機能を分析することを意味している。今日一般に機能主義という場合には、構造機能主義の意味合いにおいて用いられることが多い。

　参与観察と機能主義とは相互補完の関係にある。サッカーを例にして、参与観察と機能主義との相互補完性を見ていこう（図2-4）。サッカーというスポーツを初めて見た人は、ゲームのルールがまったく分からないであろう。サッカーを知っている人たちの仲間に入れてもらい、ルールを教わり実際にゲームに参加することでサッカーが分かるようになる。これがいわば参与観察である。ゲームのルールは観察対象者がよく知っており、観察者は何も知らない。ところで、いま行われているサッカーのゲームが、じつはワールドカップという大規模な大会の中の1ゲームという位置づけを持っていたとしよう。そしてその事実をプレイヤーたちは知らないとする。この場合でもゲームそれ自体は問題なく進行できる。この例のように、ゲームを実際に行っている参加者が大会のルール（仕組み）という全体像については、じつはよく分かっていないということがあり得る。むしろ外部の観察者の

ほうが目の前の出来事を俯瞰的に眺めることができる分、当事者（観察対象者）よりも明確に、大会のルールや全体像を把握できることも多い。これがいわば機能主義の分析視点である。いずれにしても、ゲームのルールと大会のルールの両方を統合的に把握できたときに、その事象の総体をより的確に再構成することが可能となる。木を見ながら、同時に森も見る。参与観察と機能主義とを併用することで、そうした見方が可能となる。

◆システムと構造

　構造主義の理論は分かりづらいといわれる。その分からなさの理由の1つは構造の概念の意味の複数性にある。構造という概念は一般に、体系（システム）という意味で用いられる。システムの概念は、何らかの要素の集まりから構成され要素間にある特定の関係性が見出せる総体として定義できる。より簡潔に表現すれば、システムとは諸要素の関係性の構図である。集団や組織や制度などは、ある特定の人びとの関係性や物質の動きの法則性などを表す点において社会の中に見出せるシステムである。さらに社会全体もこの意味において1つのシステムのイメージで捉えることが可能である。ちなみに先述した機能主義は、諸機能の関係性の総体として社会を捉えようとしている。機能の総体の構図は社会構造と呼ばれる。他方、構造主義のいう構造とは諸要素の関係性の構図のことではない。確かに構造主義の構造概念にもシステムという意味合いは含まれる。ただし、何をシステムと見なすかという分析の水準において、構造の概念は諸要素の関係性の構図という意味合いとは異なっている。構造主義の理論の分からなさは、構造概念と体系（システム）概念とを混同してしまうことで生じる部分が大きい。両概念の意味の違いを明確にすることで構造主義と機能主義の考え方の違いがより鮮明になる。

　C. レヴィ＝ストロースによれば、構造主義における構造とはある一連の変換（操作）に対して不変性を有する要素間の関係性の全体として定義できる。要素間の関係性という点で、それはやはりシステム

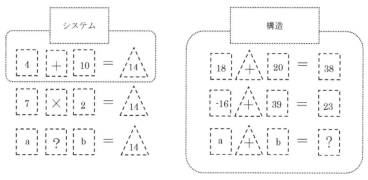

図2-5　システムと構造の違い

であるともいえる。しかしここでは、その関係性がある一連の変換に
対して不変性を有するというところに焦点が据えられていることに注
意しよう。要素間の関係性のある1つの構図としてのシステムに注目
しているのではなく、複数のシステムの間に見出せる変換に関する関
係性の全体に構造主義は注目している。つまり構造とは、複数のシス
テムの間に見出せる一連の変換に関して不変性を備えた関係性の全体
である。構造とはこの点で、諸システムのシステムであるということ
もできる。

　整数の二項演算を例にして、システムと構造の視点の違いを考えて
みよう（図2-5）。左図がシステムのイメージである。ここで個々の数
式それぞれを1つのシステムと見なすことができる。この例の場合、
個々の数式は演算の結果として「14」という特定の整数の値を返すシ
ステムになっている。このシステムにおいて決定されている部分と未
決定の部分とを調べてみる。変数の範囲が整数であるという条件（要
素の集合）のもとで、決定されているのは14という結果である。その
他の部分は未決定であり、特定の演算が与えられたときにaとbの組み
合わせの範囲が決まる仕組みとなっている。一方、右図の構造におけ
る決定部分は変数の範囲が整数であるという要素の集合と演算規則だ
けであることが分かる。構造において演算の結果は未決定であり、そ

れは任意の整数aとbが与えられたときに決まる。

　システムの視点は、何らかの演算が特定の同一的結果を導く論理を明らかにする。対して構造の視点は、特定の演算が同型のシステムを生成できる範囲を明らかにする。別言すれば、システムは要素間の個別の関係性を示すものであるのに対して、構造は要素間の一般的な関係性の全体を示している。システムでは、結果が与えられたときにのみ特定の要素間の変換規則を個別に推論することができる。対して変換規則を他のシステムとの関係に照らして推論することを可能にするのが構造である。構造とは、要素の集合とその要素に対する演算（変換）の規則とを同時に決定する関係性の範囲を表すものである。

　ある社会や文化の中に何らかの規則性を見出す作業について考えてみよう。システムの考え方に立つときそれは、ある特定の社会や文化に係わる特定の要素間の関係性を明らかにする作業に該当する。一方、構造の考え方においてそれは、複数の社会や文化に共通する要素間の関係性の変換規則を明らかにする作業に該当する。構造主義の視点は、複数の社会や文化の間に特定の変換規則を介した同型性の生成パターンを見ることを可能にする。

◆アクターネットワーク理論

　事物や事実の認識をめぐって実在論と構築主義という2つの立場の対立が存在する。実在論は、事物や事実が人間の認識とは独立に人間の外部に存在すると考える。一方、構築主義は事物や事実が人間の主観的な枠づけや意味づけの産物として存在すると考える。実在論か構築主義かという世界の認識をめぐる対立は大きな弊害をもたらしてきた。大きな弊害とは、個人と社会、主体と客体、主観と客観、人間とモノといった数々の二項対立図式を認識論の中に持ち込んでしまったことである。これらの二項対立図式は近代の認識論の特徴をなしてきた。その背後には自明とされる1つの前提が存在する。それは、人間の外側には物理的世界が1つだけあり、人間の内側には多数の精神的世界があるという命題である。上記の二項対立図式の認識論、そして

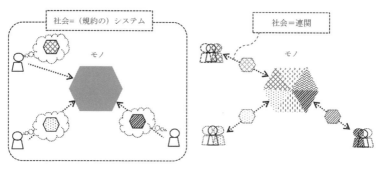

図2-6　社会の２つの捉え方

実在論も構築主義もこの自明の前提だけは共有している。実在論と構築主義の対立点は、人間の外側と内側のどちらの視点から事物や事実を捉えるかという立ち位置の違いだけである。

　アクターネットワーク理論はこうした近代の認識図式を批判しつつ、その代案として提出された枠組みである。アクターとは行為主体という意味ではなく、無数の事物の連関を可能にする指標として定義される。人間だけではなく、その他の生物やモノ（非人間と呼ばれる）など事物全般がアクターになる可能性を有する。事物としてのアクターはそれぞれ単独では存在することはできない。それらはつねにネットワークをなす複数性を本質とする存在である。アクターネットワーク理論の目的は、多種多様なアクターがネットワークを形成しつつ絶えずそれを組み替える過程を分析することである。

　近代の認識図式において、社会は人間やモノ（非人間）に外在する何らかの規範的な枠組みとしてイメージされてきた。それは社会を制度や組織や文化などの規約システムとして捉える考え方である。アクターネットワーク理論は、社会を人間と非人間の外部にあるシステムとは捉えない。多種多様なアクターを結びつけては、その結びつきの連関を絶えず組み替える持続的な作用それ自体を社会と考えるためである（図2-6）。社会とは連関の組み替えという変化が生じたときには

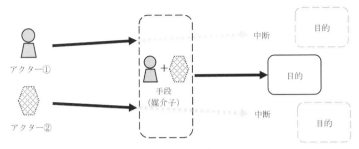

図2-7　媒介子による手段 - 目的関係の変換

じめて、その変化の痕跡としてその存在が確かめられる対象である。アクター間のネットワークの構図は、社会の痕跡の確認作業の中で事後的に特定できるにすぎない。諸々のアクターは特定の連関に組み込まれる中で一時的にその意味合いや位置づけを帯びることになるが、その意味合いはつねに新たな連関の可能性に開かれている。したがって人間の主観性や非人間の客観性などといった性質が世界の中で一意的に定まることはなく、それらは連関という作用の中でつねに揺れ動いている。

　アクターネットワーク理論は手段-目的関係が変換される過程を記述することができる。中間項と媒介子というB. ラトゥールが提唱する概念を手がかりにその論理を見てみよう。中間項とは通過する意味や目的などをそのままのかたちで移送する場（ネットワーク）のことを指す。中間項を介したアクター間の連関は制度などの事物の定式化された関係性を表している。他方、媒介子とは諸アクターの連関が起点となりアクターの現行の意味や目的などを翻訳したり修正したりすることで、さらなる連関すなわち社会の可能性が開かれる変換の場（ネットワーク）である。媒介子の働きは、既存の手段-目的関係の束すなわち各アクターの手段-目的関係を構成している現在のネットワークが、互いの手段との実際的な結びつきの過程で組み替えられ、新たな手段-目的関係が生じることを意味する（図2-7）。

7

自然環境への適応

7-1　エコロジーの意味

◆エコロジーとエコノミー

　エコロジーという語は19世紀に作られた。ドイツの生物学者E. ヘッケルが植物学と動物学とを総合する新たな総合科学（今日の生態学）の名称として考案した。生態学は棲み場の科学と呼ばれることもある。それぞれの生物種は棲み場の中で固有の生態的地位（ニッチ）を占める。生物種は棲み分けを行いつつ、生態系と呼ばれる安定した相互関係を構築する。生態学は特定生物の個体や個体群だけを調べたり分類したりするのではなく、ある場所における多様な生物と環境との相互作用を総体的に理解することを目的とする学問である。

　エコロジーの語源はエコノミーである。ここでのエコノミーとは摂理の意味である。先述したように、摂理としてのエコノミーにはキリスト教の神学的な要素が強く反映されている。自然を知ることは神の創造の御業を知ることに通じる。自然を知ることで神を理解しようとする考え方を自然神学という。自然神学は自然の完全性を自明の前提として受け入れる。神が作った自然は完全であり、自然の中には秩序がある。自然の秩序の中には無駄なものや無意味なものは1つもない。あらゆる生物は自然の秩序の中でしかるべき位置が与えられている。エコロジーの概念はこうした自然神学の考え方から影響を受けている。

　エコロジー以前は、自然の摂理を表すときにしばしば「自然の経済」という表現が使われた。自然の経済という表現はC. リンネが1749年に発表した同名の論文が広く読まれたことで有名となった。リンネは18世紀啓蒙期を代表する博物学者であり、分類学の父とされる人物である。この論文は今日、生態学の思想的源流の1つと見なされている。リンネの思想の背景にも自然神学の信仰がある。リンネは生物や鉱物の分類体系を完成させることで、あらゆる神の創造物を自然の秩序の中に位置づけることを目指した。生物の分類体系を知ることは神が作った自然を理解することであるとの強い信念がリンネの研究を支えていた。

19世紀に進化論が提唱されるまで、生物の種は不変であると考えられていた。それぞれの種は神が自然を秩序立てるためにそのかたちに作られているので、そのかたちこそが完全である。種が変化することは神の自然が不完全であることを意味する。自然神学の枠組みを前提とする限り、進化論の考え方は到底受け入れられるものではなかった。C. ダーウィンは『種の起源』の中で、自然の経済という言葉を繰り返し使用している。ダーウィンもまた自然神学の知的伝統に学びながら進化論の考え方を育んでいたのである。進化論の登場を分水嶺として自然のイメージは大きく変わっていく。自然の経済からエコロジーへと学問の枠組みが移行する中で自然の秩序における神の役割は後退する。しかしながら自然神学の秩序観はイメージの範型としてその後も影響力を保ち続けていく。

　リンネは自然の分類体系を知ることに傾注した。リンネの研究はいわば自然の静態的な構造を明らかにするものであった。対して、ダーウィンの進化論は、自然の構造がどのように形成されるのかという自然の動態的な作用を明らかにするための研究であるといえる。

　生態学の自然の捉え方は人間も含めたかたちに拡張することが可能である。人間の生活も含めて、特定の地域の生物と環境との相互作用を分析する研究は人間生態学（ヒューマンエコロジー）と呼ばれる。総体的な視点から人間の生活を捉える人間生態学の立場は経済人類学の分析手法と重なる部分が多い。自然の制約が人間の生活の規模や範囲にどのような影響を与えているかについて分析することが人間生態学の目的である。その目的に合わせて、人口、自然資源、自然災害、気候、疫病など自然と社会との相互作用の過程を長期的かつ全体的な視点から分析することを人間生態学は目指している。

　人間生態学の視点は、人間生活の基盤を自然環境とのつながりで捉える。それは、人びとの手段-目的関係をより広い脈絡の中に位置づけようとする試みであるともいえる。例えばそれは、交通、健康、安全など生活の自然環境的要素を経済行為の基礎として分析の中に入れ込むことを意味する。こうした視点は唯物論的な経済の捉え方に近い。

また進化主義の立場とも親和性が高い。

　人間生態学には、環境（経済）決定論であるとの批判がある。他の生物とは異なり、人間の場合、特定の場所の生活様式を環境への適応の過程や結果として捉えたとしても、その適応の様式は1つに決まるわけではない。適応の様式の違いとは、一言でいえば文化の違いである。後に見るように、文化生態学の考え方はこうした批判の中から生まれてくる。

◆生活の基盤としてのエコロジー

　南方熊楠は博物学者として世界的に活躍した在野の学者である。日本の民俗学の創成にも大きな影響を与えた。以下の引用から分かるように、南方は学問としてのエコロジーにも通じていた。南方はエコロジーの考え方を理解したうえで、それを人間生態学の視点へと独自に拡大する。エコロジーを基盤に人間の生活を捉える視点を南方は持っていたといえる。

> 殖産用に栽培せる森林と異り、千百年来斧斤を入れざりし神林は、諸草木相互の関係はなはだ密接錯雑致し、近ごろはエコロジーと申し、この相互の関係を研究する特殊専門の学問さえ出で来たりおることに御座候。
>
> （南方「川村竹治宛書簡」）

　南方の人間生態学的な視点が問題分析に発揮された事例がある。神社合祀令に対する反対運動への参加である。神社合祀令とは、明治時代の日本において神道の国教化政策の一環として出された法令である。明治政府は全国の神社の系列化を目指す方針を打ち出していた。すべての神社は明治4（1871）年の太政官布告によって5段階に格付けされることになった。明治政府はまた、中央集権を強化するために市町村合併を進めていた。このような国家戦略の大きな枠組みの中で、無用と見なされた集落神社の統合整理が進められることとなった。明治39

（1906）年、内務省は全国的な神社整理（合祀）の推進を表明した。神社合祀の手続きは、半ば強制的な統廃合の推進であった。こうした神社整理の動きに対して、全国各地で合祀反対運動が展開された。内務省は方針転換を余儀なくされ、神社整理の強行は明治43（1910）年4月をもって中止となった。南方は地元の和歌山県の合祀反対運動において中心的な役割を担った。南方の名は学者として全国に知られていたため、南方の反対運動への参加は世論に大きな影響力を持つこととなった。

　南方は神社という空間をエコロジーの視点から考察することを通じて、神社合祀がもたらす諸々の弊害を指摘している。とくに地域社会と地域経済に与える悪影響を詳しく論じている。神社はその地域において多元的な役割を担っている。しかしながら合祀推進派は金銭的利益という尺度でしか神社やその森の価値を見ていない。こうした見方は神社の宗教的価値や伝統的価値を顧みない近視眼的なものである。また神社は消費の空間としても重要である。神社は行商人などが多く集まる場所であり、住民の消費を促進する場所となっている。神社が無くなれば、地域に貨幣が流通しなくなる。さらに神社は災害時の避難場所としての役割を担っている。生活の安全という豊かな生活にとって最も大切なものを神社合祀により失ってしまう。神社は地域住民の社交の場であり、子どもたちの遊び場である。こうした社交や娯楽の場所が無くなることで地域の魅力が衰え、多くの人が都市へと流出していく。その結果、その地域の治安は悪化し、人びとの交流は分断される。加えて、神社が残る地域と無くなる地域との間に地域間格差が生じる。南方は神社合祀の弊害をこのように列挙しつつ、自然の論理と調和した人間の生活こそが真の意味での豊かな生活であることを説いている。

　萃点という言葉がある。おそらくは南方の造語とされている。萃点とは多様なものごとの因果系列が集まるところという意味である。森羅万象はすべてがつながり関係している。そうしたつながりの全体が宇宙の真理（摂理としてのエコノミー）である（図2-8）。萃点からいろい

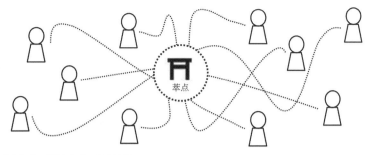

図 2-8　萃点としての神社

ろなものごとを眺めるとそれらの筋道が明確になる。萃点とはいわば、
ものごとの要所である。それぞれの部分を全体との関係において捉え、
その絡み合った論理を総体的に理解しようとする点において、萃点の
概念はエコロジーの視点に通じる。南方は神社を萃点と見なすことで、
地域社会におけるその役割の重要性をエコロジー的なイメージで明確
に捉えていたことが分かる。

◆文化唯物論

　経済は人間社会の維持に不可欠な物質的必要を外部の自然環境から
入手するための種々の活動や仕組みとして社会を基礎から支えている。
唯物論ではこうした経済の役割を踏まえたうえで、経済を社会の土台
としてイメージする。M. ハリスはこうした従来の唯物論のイメージ
を拡張することで、文化唯物論という理論的枠組みを構築している。
土台と上部構造という唯物論の枠組みに文化的要素を組み込んで、経
済と社会との相互関係をより精緻に分析するための枠組みを提示する
ことがハリスの目的である。当該社会の成員が学習を通じて行うこと
ができる思考と行動の一式をハリスは文化として定義する。文化は遺
伝とは関係なく、世代間で伝達可能な要素のセットである。文化的要
素は当該社会の人びとの長期的な生存に寄与する。ただし、文化の発
展は物質的条件によってその方向性が規定される。社会が長期的に存

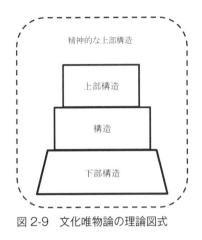

図 2-9　文化唯物論の理論図式

精神的な上部構造
　　規則・カテゴリー・価値観・信念など

上部構造
　　音楽・儀礼・スポーツ・科学など

構造
　　家庭経済
　　政治経済

下部構造
　　生産様式
　　再生産様式

続できる条件として、物質的側面の支配的影響力を文化唯物論は重視している。

　文化唯物論において、人間社会は下部構造を土台として、構造と上部構造とがその上に乗るかたちでイメージされる（図2-9）。これら3つの層は人間社会の行動的要素である。人間社会の分析には行動的要素に加えて、精神的要素も考慮しなければならない。精神的要素は、行動的要素の各層に対応するかたちで考えることもできるが、文化唯物論の枠組みでは精神的な上部構造として一括して論じられる。

　下部構造には生産様式と再生産様式が含まれる。生産と再生産に係わる特定の文化的パターンを捉えることで社会の仕組みの支配的な部分を理解することができる。これが文化唯物論の基本的な考え方である。生産と再生産の文化的パターンとはそれぞれ、生産様式と再生産様式と呼ばれる。生産様式とは、生命維持のために用いられる資源すなわち食料やエネルギーの生産の維持、拡大、制限に係わる制度や技術のことである。一方、再生産様式とは、人口の維持、拡大、制限に係わる制度や技術のことである。再生産様式には生殖、育児、衛生、医療などの慣行や技術が含まれる。ハリスはこれらを下部構造として一括している。構造は、家庭経済と政治経済から構成される。家庭経

済とは家族単位の生産と再生産、さらには交換と消費などの制度のことである。他方、政治経済はバンドや国家や帝国といった政治的単位における生産と再生産、交換と消費などの制度である。上部構造は音楽、儀礼、スポーツ、科学などの要素が含まれる。これらは自然環境からの物質的必要の入手に直接的に関係しない行動的要素である。精神的な上部構造は行動的要素それぞれに付帯するかたちで制度化される。例えば、下部構造では自然利用に係わる知識や呪術や禁忌などが発達する。構造においては親族の概念や政治的なイデオロギーなどが付帯する。また、上部構造には神話や審美的基準や宗教などが付帯する。

　社会の物質的側面を重視する文化唯物論は、下部構造の論理の支配的な影響力を分析の中心に据える。下部構造すなわち生産様式と再生産様式とは、社会を外部環境に適応可能にするための接合面である。下部構造は自然の中の規則性を社会の構造の内部に取り込むための技術や制度の複合として理解することができる。人間は生物である以上、他の生物と同様に、自然環境から生存や生殖のために必要な資源やエネルギーを摂取しなければならない。文化唯物論はこの基本的な条件を重視するために、下部構造の論理や影響力を明らかにすることにこだわる。下部構造とは、文化の論理と自然の論理とをすり合わせて、人間が制御可能な範囲に自然の要素を取り込むための工夫の総体である。文化と自然との直接的な境界面が下部構造であるともいえる。生産様式と再生産様式とは、自然からの制約を克服しつつ人間の活動の範囲拡大や水準向上を実現している当該社会の中核的制度である。

7-2　文化進化

◆文化進化の尺度

　文化の進化を測るにはどうすればよいか。この問いは文化進化の妥当な尺度とは何かと言い換えることができる。文化進化の尺度が決定されれば、それを利用することで複数の文化の水準を比較することが可能となる。この文化進化の尺度づくりという問題に取り組んだのがL.ホワイトである。

　文化システムを動態的に捉える場合、技術、社会組織、価値理念という3つの要素の相互作用を分析することが重要である。文化システムはこれらの要素間の相互作用により維持される総体である。ホワイトはこの中で技術が文化システムの中核を担う最も重要な要素であるとして技術的要素の変化に着目する。

　社会組織（システム）が技術により規定されることは明らかであるとホワイトはいう。社会組織の形態は当該社会が利用可能な道具という要素により制約を受けるからである。狩猟や農業などの生業活動にしても天候の変化や外敵から身を守る行動にしても、その成否は利用できる道具やそれを作る技術によって左右される。ホワイトは技術的要素が社会組織の形態を決定する論理を単純化して、「T（Sb×Pr×D）→社会システム」と記述している。ここでTはもちろん技術のことである。技術は生業（Sb）、保護（Pr）、安全（D）など多様な人間ニーズの充足のために応用されることを通じて社会システムの維持を可能にしている。さらにその技術水準が形成可能な社会組織を決定し、その中でどのくらいの数の人間を収容できるかも決定する。ホワイトはさらに、価値理念もまた技術により規定されることを論じる。様々な価値や理念もまた、その裏づけとなる技術や道具があってはじめて思念可能となる。例えば、金融や保険という仕組みや技術がない時代に、資本主義経済や株式会社といった概念を想像することは困難であろう。また人工衛星がない時代に宇宙戦争の戦略を考えることもできないであろう。人間は空想でさえも技術的要素という制約から完全に自由に

なることはできない。

　技術はこのように、文化や社会のシステムに強力な規定力を発揮する要因である。ホワイトはこうした発想から、ある社会が利用可能なエネルギー量の多寡を文化進化の尺度とすることを提案する。文化を1つの熱力学的システムと見なして、エネルギー、道具、生産物など人間ニーズに必要な要素をある文化システムがどれだけ利用可能にしているかを計算する。それぞれの文化は利用可能なエネルギーの量やその利用の効率性において違いがある。それゆえ成員1人当たりの年間の利用可能なエネルギー量を比べることで複数の文化の水準を比較することが可能になる。これがホワイトの基本的な考え方である。

$$E \times T \rightarrow P$$

　ホワイトは熱力学的なシステムとしての文化の作用を上記のように定式化している。Eは引き出されるエネルギーを表し、Tはそのエネルギーを利用するための技術的手段を表す。そしてPはエネルギー利用の結果として生み出された人間ニーズに応えるための生産物や諸結果を指している。ここでエネルギーとは仕事をする能力とほぼ同義である。例えば、野生の果物を取って食べる場合にエネルギーとして計算に含まれるのは人間の身体的な力のみである。果物を食べることで得られるエネルギーは仕事をする能力に含まれない。ホワイトのいう利用可能なエネルギー量とは、文化システムにたんに取り込まれて消費されるものを指すのではなく、文化システムに統合された部分として人間ニーズの充足に係わる仕事をこなすエネルギーの部分である。例えば、風力は洗濯物を乾かすことができるがその段階ではまだその利用可能性は小さい。しかし風車を作る技術を持った文化にあっては、風力は機械を動かす動力としてそこに組み込まれているためその利用可能性は大きくなる。

　ホワイトは上記の式を「E (H×N) ×T→P」として変形する。ここでHはエネルギーの人間的要素であり、Nは非人間的要素を表している。

いま技術的要素（T）を一定とすれば、この式は「H×N→P」としてさらに簡略化できる。この最後の式は、ある文化において利用可能なエネルギーが人間の能力と人間以外の源泉から得られるものとの合計であることを表している。文化進化に伴いHとNの比率は変化する。文化の水準が高くなるにつれて、Nの割合が高くなる傾向があるため、これらの比率を尺度として文化の水準を測ることができるとホワイトは述べている。

◆文化生態学

　自然環境への適応を人間の経済と捉える考え方の代表は唯物論である。唯物論は経済と社会との関係性を土台と上部構造というイメージで捉えていることはすでに確認した通りである。土台としての経済は自然を利用しつつ、社会の物質的な必要を持続的に給備する役割を果たしている。経済およびその上部としての社会は環境からの制約を受けるため、そのかたちは環境への適応の結果として1つに決まる。同じような環境に置かれた社会は、同じような適応を成し遂げた結果として、経済と社会のかたちが同じものになるというのが唯物論の基本的な考え方である。

　唯物論の考え方は従来、発展段階論などの進歩史観と密接なつながりを持ってきた。自然環境への適応を考えた場合、人間の生業をめぐる技術や組織などはある程度同じようなかたちへと進化していくはずである。唯物論の背後にはこうした単線的な進歩に関する歴史観があり、唯物論と進歩史観とが社会発展の論理として結びつくところに発展段階論が生まれるからである。発展段階論において人間社会はみな、環境への適応を通じて一様の発展段階を辿るとされる。環境への適応の帰結として、社会のかたちや発展の過程が1つに収斂していくとする考え方は単系進化と呼ばれる。単系進化と唯物論が結びつくところには人間生態学も生まれる。発展段階論が歴史的な側面に注目した分析手法であるのに対して、人間生態学は人間社会の環境への適応結果の総体に注目した分析手法であるとの違いがある。しかし両者は、環

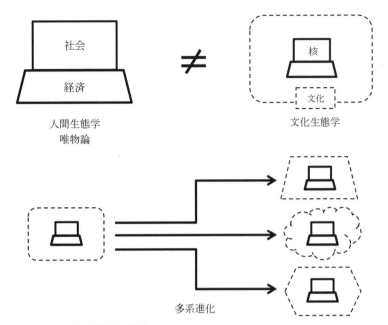

図 2-10　文化生態学の特徴

境への適応という人間社会の根本的な制約が経済活動の様式を決定するとの同じ考え方を共有している。

　こうした唯物論的な経済の捉え方を批判的に乗り越えようとしたのが文化生態学である。文化生態学はJ. スチュワードが提唱した分析手法である。文化生態学も自然環境への適応を人間の経済と捉える点では唯物論や人間生態学と同じである。ただし、文化生態学は経済と社会のイメージに文化的要素を取り入れている。文化的要素が環境への適応過程に作用することで、人間社会の多様な進化が可能になるとスチュワードは考える。

　他の生物とは異なり人間の場合、同じような環境に置かれてもその適応の仕方は一様にはならない。文化生態学は適応の仕方に多様性が生じる理由を文化の違いとして説明する。こうした文化生態学の考え方は多系進化と呼ばれる。文化生態学の特徴は、文化的要素の重視お

よび多系進化の2つである。

　経済と社会が環境からの制約を直接的に受けるのではなく、文化がいわばクッションの働きをすることで、その影響を受けとめることができるようになる（図2-10）。それゆえ、人間社会はある程度の自由度をもって環境に適応できると文化生態学は考える。ただし、環境への適応の自由度は無際限であるというわけではない。どのような文化であっても、社会を継続的に維持するために必要な最低限の条件を満たすことができなければ社会それ自体が消滅してしまう。社会が環境に適応するために欠かすことのできない最低限の条件の重要部分をスチュワードは文化の核と呼ぶ。人間社会は環境への適応において、その文化の核を保持しつつ、その他の部分を多様に進化させることができる。文化生態学が主張する多系進化とは、あくまで環境の制約の範囲内における進化の多様性のことを指している。

◆一般進化と特殊進化

　ホワイトの文化進化論とスチュワードの文化生態学は、両者から指導や影響を受けたサーリンズやE. サーヴィスなど次の世代の研究者によって統合が模索される。そうした取り組みの成果としてサーリンズは、文化進化の2つの側面として両者の考え方を位置づける総合的な枠組みを提示している。

　サーリンズによれば、ホワイトとスチュワードの理論はそれぞれ文化の一般進化と特殊進化に関する理論として整理することができる。環境への適応における一般進化と特殊進化との区別はもともと、生物学的進化の論理として提示されたものである。環境への適応の過程で生命は様々な生物種へと進化していく。こうした進化の歴史において、無脊椎動物から脊椎動物が派生していくこと、あるいは脊椎動物の中で魚類と両生類とが分かれ、さらに爬虫類など新たな類が登場することなどは一般進化の例である。一般進化は特定の基準に照らしたときに、環境の適応方法として明確な改良を示すものである。それはより高次の生命形態の誕生としての意味を持つため、生命の進歩として一

般性を有する。その基準とは例えば、生命過程に利用できるエネルギー量や身体組織の複雑化などである。この基準において、メダカはエビよりも、ネズミはメダカよりも高次の動物であるということができる。つまり一般進化は何らかの絶対的な基準によって測られる進化の側面である。それは必ずしも系統的である必要はない。それに対して、特殊進化の基準は相対的かつ系統的である。例えば、ヒトとイノシシとクジラとの間で環境への適応戦略の優劣を比較しても意味はない。それぞれの種が適応している環境が異なるためである。これらの違いは哺乳類における環境適応の系統の違いであり、ある特定時点でのそれぞれの系統的進化の到達点を示しているにすぎない。系統的進化の一般的な基準を設定することはできない。特殊進化とはしたがって、ある特定の環境という限定範囲における変種間の比較だけが有意味となるような進化の側面である。

　生物学的な進化過程における一般進化と特殊進化とのこのような関係性は、文化進化を見る場合にも有効である（図2-11）。図中において、特殊進化は分岐として表される。時間の経過と共に多様な文化が枝分かれしていく様子が分かる。局所的に枝分かれしているすべてが特殊進化の軌跡であり、特殊進化の軌跡は系統的である。他方、一般進化は縦方向の位置で表される。生物学的進化と同様に、一般進化の軌跡は系統的ではなく、何らかの絶対的な水準から見て進歩の度合いを示すものである。ここでは、例えば、物質的資源やエネルギーの社会的な利用可能量などが文化の一般進化の基準となる。こうした基準で多様な文化を一律に評価することができる。

　ただし、生物学的進化と文化進化との間には大きな相違が1つある。それは他文化の要素を自文化の中に取り込むことができる点である。文化進化の場合、いわゆる文化変容や伝播と呼ばれる文化間の影響関係を考慮しなければならない。サーリンズは文化の系統的進化の過程において、自文化の内部的要素の結合などから新しい文化的要素が形成されることを発明と呼ぶ。対して、外部的要素を自文化に取り込むことで新しい文化的要素が形成されることを文化変容や伝播と定義し

一般進化の水準

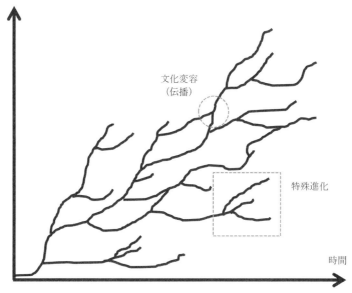

文化変容
（伝播）

特殊進化

時間

図 2-11　文化の特殊進化と一般進化

ている。文化変容が起きると、別系統の文化的要素との接合が生じる。
図中では、そのことが枝同士の接合として表現されている。

8

互酬の連関

8-1 贈与と連帯

◆贈与の交換

どのような社会であっても必ず贈与（贈り物）を通じた人びとの関係性が見出せる。贈与は個人レベルでも集団レベルでも行われ、人びとを一定の関係性の中に配置する。モースは『贈与論』の中で未開社会の贈与を詳しく分析している。贈与が行われることで、個人間や集団間に独自の関係性が作り出されることをモースは明らかにしている。

モースは贈与を1つの交換として捉える分析視点を確立した。贈与とは一般に、一方向的になされる行為であるとのイメージが強い。贈与者であるAから受贈者であるBに何らかのモノが（無償で）贈られるというイメージである。もちろん贈り物を受け取ったBが後日、その返報としてAに何らかのモノを贈り返すこともある。とはいえ一般的に、最初の贈与（AからBへ）と次の贈与（BからAへ）とはそれぞれ独立の贈与行為として捉えられることが多い。モースの研究は贈与にまつわるこうした一般的なイメージを転換することとなった。贈与と返報とはある種の交換と見なすべきであるとモースは考える。そのように考えると、個々の贈与を贈与交換というかたちで展開される互酬の連関の一部として捉えることが可能になる。

贈与交換の特徴はその対称性である。ポラニーも指摘していたように、行為の対称性こそが互酬の特徴であり、双対性ではないことに注意しよう。贈与の交換は自分が贈り物をした相手からのみ贈与（返報）があるという関係性を構築するわけではない。贈与における対称性とはあくまで、特定の個人や集団を基点とした場合に、贈り贈られるという関係性の中に組み込まれるということである。AからBへの贈与とBからAへの贈与とのセットは、贈与における対称性が見かけ上たまたま双対的になっているにすぎない。この場合におけるBの返報という行為はしたがって、贈与交換における行為の対称性の特殊類型と見なすことができる。Bが贈与する相手は任意であり、CでもDでも誰でも構わないという関係性が一般性のある贈与交換の対称性である。

モースは未開社会の贈与を研究する中で1つの問題を発見する。その問題とは、外見上は任意で非打算的に見える贈与の行為が、実際には拘束的で打算的な行為として実行されていることである。モースは贈与の謎としてこの問題の分析に取り組んでいく。贈与の謎に取り組む中でモースは、贈与交換が3つのルールによって作動していることを発見する。モースはそのルールのことを贈与における3つの義務と呼ぶ。①贈り物を与える義務、②贈り物を受け取る義務、③贈り物に返報する義務である。贈与交換の関係性に組み込まれることはこの3つの義務に拘束されることを意味する。贈与が拘束的で打算的になるのは、それが義務に基づく行為であるためである。

　3つの義務の作用によって、贈与は無限連鎖の交換過程として人びとを拘束する。贈り物を贈与された側はその受け取りを拒否することができず、贈り物を受け取ったならば必ず返報し（すなわち贈り物を与え）なければならない。いったん贈与交換の義務の連関に組み込まれた個人や集団はこうした贈り贈られる関係性から抜け出すことができなくなる。この面において贈与交換の関係性は確かに拘束的である。しかしその一面において贈与交換は、社会関係の継続を可能にしているともいえる。諸個人や諸集団は贈与のやり取りを通じて、その関係性を継続することができる。贈与は人びとを関係性に組み込む作用ならびに関係性を継続させる作用を持つ。

　ところで贈与が義務的な行為であるというだけでは贈与の謎を解明したことにはならない。そもそもなぜ贈与には義務が伴うのかを説明する必要がある。モースは贈与の義務の源泉にモノの霊があるためではないかとの考えを示している。マオリ社会の贈与を例として、贈与の過程に「ハウ」と呼ばれるモノの霊の観念が付属することにモースは着目する。モノは最初に属していた集団や成員との間に霊的な結合関係を有するとのマオリの考え方に依拠して、贈与の義務を解釈する論理をモースは提示する。モノに付帯するハウは生まれたところや元の所有者のところへ帰りたがるという性質を持つ。贈与の結果としてモノが元の場所や人から離れるとハウが作用し、新たなモノの所有者

に返報に対する義務感を喚起するのではないか。こうしたハウの論理は、モノの履歴すなわちその所有や取引にまつわる集合的な記憶や歴史が贈与の義務の源泉であるとの論理として一般化できる。モースは贈与の謎をモノの履歴や集合的記憶と結びつけて明らかにしようとしていたことが分かる。

◆贈与と負い目

　贈与にはなぜ義務の感覚が伴うのか。モースはこの贈与の謎をモノの特殊な所有関係として捉えようとした。それは贈与交換をモノの所有をめぐる法的な関係として見ようとする試みであるといえる。それに対して、贈与に対する義務を政治的な視点から捉え直そうとしたのがM. ゴドリエである。

　ゴドリエは贈与に係わる義務の感覚を負い目（負債）の概念を用いて説明する。負い目とは、物質的あるいは精神的な負担のことである。贈与における負い目の発生を図式化してみよう（図2-12）。いま、対等な関係にある2人の個人がいるとする。この両者の間で贈与が行われたことはこれまで一度もない。このような状況において、初めて贈与が行われたとする。すると贈与を基点とする時間的な前後で両者の関係性に変化が生じる。この関係性の変化をもたらす要因が負い目の発生である。

　負い目は人びとや集団を結びつける贈与の力の源泉である。ゴドリエによれば、負い目は贈与を通じて当事者同士を二重の関係性において結びつける。二重の関係性とは友好と支配のことである。先ほどの例で考えてみよう。贈与が行われる以前、2人の個人は対等な関係性に置かれていた。両者はとくに政治的な意味合いにおいて対等な関係にある。政治的な意味合いにおける対等とは、相互に中立という意味である。両者は贈与が行われる前まで、友好的でも敵対的でもない関係にあった。こうした状況で贈与が行われると、その行為の帰結として両者の関係性が変容する。まず贈り物をするという行為は両者の関係性を近づける。これは贈り物を媒介にして両者の間に友好（非敵対）

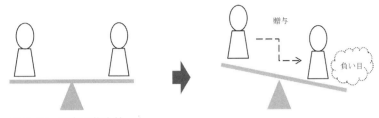

図 2-12　贈与の権力性

的な関係性が作られることを意味する。ただし、贈り物は友好的な関係性を作り出すと同時に、負い目も生み出す。贈り物をもらったという恩義が負い目となることで、受贈者の側に劣位の感覚が生じる。こうした劣位の感覚は寄贈者の側の優位の感覚とセットになって、両者の関係性に支配の構造を持ち込むことになる。贈与における寄贈者は負い目を与えた人に対して一定の支配力を持つことができる。負い目はそれを感じる人から精神的な従属性を引き出すからである。負い目がもたらす優劣の感覚は、社会関係の中で上下や貴賤という差異の関係性へと容易に変換される。贈与はこのように、負い目の作用により贈与に関与する人びとや集団を友好と支配という二重の関係性に組み込む。その結果として政治的に対等な関係性は崩れていく。贈与により生じる負い目は、受贈者が贈与を行わない限り清算されない。ゴドリエによれば、負い目を清算したいというこの動因こそが贈与に付随する義務の感覚の正体である。贈与に係わる義務はモノの所有の問題というよりは、むしろ負い目をめぐる政治的な問題として捉えたほうが明確にその論理を理解できる。これがゴドリエによる贈与の謎に対する答えである。

　負い目の概念は供物や供犠という宗教的な問題を考えるための手がかりともなる。ゴドリエによれば、神や死者（先祖）や霊（自然）などに対してなされる供物や供犠は、それら崇拝の対象に向けられた贈与として理解することが可能である。人間社会がなぜそれらの対象に贈与をするのか。それは人間存在（や社会それ自体）の根源的な負い目をそれらに対して負っているためである。その負い目は清算不可能な絶

対的な恩義である。

　ゴドリエはモースの3つの義務を踏まえて、こうした神などに対する義務を贈与にまつわる第4の義務と呼ぶ。物質的な観点から見れば、供物や供犠はモノや生命の浪費である。しかし象徴的な意味合いにおいてそれらは、人間存在に係わる根源的な負い目の清算であり、返し切れない恩義に対する終わることのない返礼の行為である。ただし供物や供犠もそれが贈与交換である限り、人間から神などへの一方的な行為ではあり得ない。人間の側からの贈与に対して神もまた負い目を背負う。それゆえ例えば、その年の豊作に感謝して収穫物を供物や供犠に浪費することは、神や自然を次期の豊作の約束という負い目の清算へと拘束することになる。

◆贈与の政治性

　主に未開社会の間で行われていたとされる沈黙交易というモノの交換様式がある。沈黙交易とは、2つの共同体の境界で行われるモノの交換である。取引は境界領域の決まった場所で行われる。交換の様式にはいくつかの類型があるが、交換に参加する人びとが互いに姿を見せず、言葉を交わすこともなくモノを交換することで取引が完了する様式が基本型である。

　世界各地の沈黙交易の事例を詳しく検討して、そのメカニズムやその機能を解明したのがP.グリアスンである。沈黙交易とは共同体の外部社会（異文化）との接触を極力避けるために考案された原初的な制度である。グリアスンはこのような仮説を立て、沈黙交易を政治的な視点から考察している。

　現代では多くの人びとがビジネスやレジャーや留学などいろいろな目的のために、居住する地域や国の外へと踏み出していく。しかしながら近代以前に、人びとが共同体（居住地域）の外へ出る目的は戦争、交易、巡礼、布教しかなかった。未開社会ではより単純に戦争もしくは交易だけが共同体の外部へ出ていく理由であった。それゆえ共同体の内部に、外部の人やモノが流入することはまれな出来事であった。

こうした状況では、それぞれの共同体はつねに外部からの侵入の危険に備えておく必要がある。外部の共同体との付き合い方でより単純なのは明確な敵対関係にある共同体である。その場合にはつねに戦争の可能性を検討しておけばよい。問題は、明確な関係性を見定められない共同体である。そうした外部の共同体とは、できるだけ戦争はしたくない。しかし従属関係に入ることも避けたい。最もよい付き合い方は、戦争を回避しつつ友好的な関係性あるいは少なくとも非敵対的な関係性を長く維持することである。そのときに役に立つのが、贈与交換がもたらす友好と支配との二重の関係性である。

　沈黙交易の取引は等価物の交換というよりも、贈与の交換と考えたほうが分かりやすい。沈黙交易の主眼は積極的に外部のモノを入手することではないからである。沈黙交易を行う2つの共同体は相手方に対して相互に恐怖や不安などの感情を抱いている。さらに双方ができるだけ接触を避けたいと考えている。そうした中で行われるモノの交換は、物質的な利益を目指したものではない。少なくともそれが取引の主要な目的ではないはずである。したがって、その取引は政治性を特徴とする贈与交換の特殊形態として捉えるほうがよい。

　沈黙交易を贈与交換と捉えると、贈与の固有の有用性が見えてくる。先述のように贈与は当事者を友好（非敵対）的に結びつけることができる。これは相互に警戒心を持つ共同体同士を平和裡に結びつけることになる。またその場で交換を完了することで、お互いの負い目を相互に清算することができる。そのため両者の間に明確な支配・被支配の関係性は構築されない。ゴドリエは未開社会において贈与を介した支配が剥き出しの暴力による支配の代替手段として使われていたことを指摘している。力による支配からより穏やかな負い目による支配へと権力関係を作り変えることで、贈与は平和な関係性の構築を可能にしている。沈黙交易はいわば、その発展形として見ることができる。贈り物をその場で交換し合うことで、両者の間に明確な上下関係を設定することなく、互いに独立性を保ちながら緩やかに非敵対的な関係性を維持できるようになる。沈黙交易は共同体間の政治的な関係性を

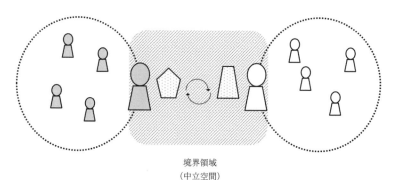

境界領域
（中立空間）

図 2-13　沈黙交易と平和

非敵対的に保つための緩衝装置としての機能を発揮している（図2-13）。
　グリアスンは沈黙交易（および異人歓待の習俗）から定期市や常設市
場という空間が発達してきた可能性を指摘している。沈黙交易が行わ
れる場所は中立的な空間である。その空間は平和な空間として位置づ
けられ、その中にいるすべての人びとは身の安全が保障される。今日
の市場も平和で中立的な空間という沈黙交易の特徴を引き継いでいる。

8-2　多様な互酬

◆互酬の類型化

　互酬とは様々な交換形式すべての類型を包含する連続体である。互酬の概念は形式性の視点からこのように定義することができる。この定義において互酬は交換形式の上位概念に位置づけられる。なお、ここでの交換には個人間と集団間の両者が含まれる。

　互酬の概念をこのように形式的に定義することの有用性を主張したのがサーリンズである。サーリンズはこの定義に基づき、互酬の類型化を試みている。様々な互酬を類型化する際の基準は、①返報の期待、②返報の時期、③等価性の有無という3つである。サーリンズに従えば、互酬に係わるこれらの3つの側面に注目することで、互酬を大きく3つの類型に分類することが可能となる（表2-1）。①一般的互酬、②均衡的互酬、③否定的互酬という3つの交換形式がサーリンズのいう互酬の諸類型である。もっともこれらの類型は多様な交換形式を截然と区別できるものではない。サーリンズ自身が交換形式の連続体と表現しているように、交換形式間の差異は遷移的である。一般的互酬と否定的互酬とを両極としてその中間点に均衡的互酬が位置している。この類型化の枠組みはしたがって、あくまで多様な交換形式をその特徴に基づいて大まかに分類するための基準であることに注意する必要がある。表2-1を参照しながら、それぞれの類型の特徴を詳しく見ていこう。

　一般的互酬の交換形式とはいわゆる通常の意味合いにおける贈与のことである。一般的互酬は当事者間に連帯的な関係性を作り出す。純粋に利他的な志向を伴った贈与の交換である。援助や施与や喜捨などの行為がその具体例である。これらの行為の動機には、親切心や気前のよさや人道的配慮などの要素が伴うことが多い。一般的互酬の形式的な特徴としてはまず、返報に対する期待がない点が挙げられる。あるいは期待があったとしてもかなり漠然とした抽象的な期待である。抽象的な期待とは例えば、情けは人のためならずといったことわざが

表2-1　互酬の３類型

	一般的互酬	均衡的互酬	否定的互酬
返報の期待	なし （抽象的）	あり	あり （過剰）
返報の時期	不定 （時宜的）	即時 （遅滞回避）	常時
等価性の有無	なし （偶有的）	あり	なし （意図的）

含意する程度の自己利益への期待である。返報の期待をほとんど持たないため、自分の行為に対する返報がいつなされるかについては決まらない。またそもそも返報されるかどうかも定かではない。さらに交換される対象同士の等価性についても同様の理由で確保されない。ときに等価の返報がなされることがあるかもしれないが、それはたまたまそうなっただけであり、一般的互酬の本質的特徴ではない。

　均衡的互酬の交換形式とは、いわゆる市場におけるモノの売買あるいは物々交換のことである。均衡的互酬は連帯的でも敵対的でもない中立的な関係性を作り出す。均衡的という言葉の通り、それは交換のあらゆる側面において対称性を志向するような交換の形式である。売買や物々交換において返報は当然ながら強く期待されている。売り手も買い手も自分が差し出すモノと引き換えに返報がもらえることを予期しているために取引が成立する。返報の時期は対称性という点において即時が最も望ましいことになる。もちろん掛買いやクレジットカード決済などで返報のタイミングが遅くなることもある。しかしその場合でも、返報の時期はなるべく早く遅滞がないようにすることが強く求められる。また交換する対象の等価性はかなり厳密に要求されることも均衡的互酬の特徴である。

　否定的互酬の交換形式とは、無償で何かを得ようとする試み全般である。詐取や略奪や不当な値切りなどの行為がその具体例である。これらはいわゆる不当利益や不労所得などを意図的に求める行為の形式である。否定的互酬は敵対的な関係性を作り出す。否定的互酬におい

て返報の期待は過剰にある。自己の側からはモノを差し出すことをなるべく回避しつつ、相手からの返報のみを期待するためである。返報の時期はいつでもよく、とにかく機会さえあれば自分の不当な利益を得ようとすることが否定的互酬である。また不当な交換を意図的に行おうとするため、交換対象の等価性も当然ながら求めない。交換の等価性を意図的に壊そうとすることが否定的互酬の最も顕著な特徴である。

◆ポトラッチと贈与の連鎖

　贈与交換がもたらす友好と支配という二重の関係性は、ときに支配の側面のみが強く表れることがある。支配の優位性をめぐって贈与交換が行われるとき、それは贈り物の競い合いの様相を呈するようになる。贈り物を競い合うような贈与は競覇的な贈与と呼ばれる。さらにこの競覇性という点に着目すると、互酬の形態が競覇的かどうかという基準に照らして、様々な互酬をより一般的に、①競覇的な互酬と②非競覇的な互酬とに類型化することができる。競覇的な互酬の場合には敵対的な関係性が強く表れるであろうし、反対に非競覇的な互酬の場合には友好的な関係性が強く表れるであろう。

　互酬における競覇性はとりわけ共同体間の贈与交換において顕著に表れる。ポトラッチはその代表的な例である。ポトラッチとは北太平洋沿岸の諸地域で見られた先住民の儀礼である。共同体間で儀礼的に贈与の交換が行われる。実際には共同体のリーダー同士がそれぞれの共同体を代表するかたちで贈与を行う。ポトラッチにおける贈与交換の最大の特徴は、気前のよさが競われるところである。リーダーたちは共同体の内外においてその社会的な地位や威信を保持する目的でポトラッチに臨む。社会的な地位や威信を保持するためには、ポトラッチにおいて気前のよさを衆人の前で誇示しなければならない。共同体の外部に対しては、相手よりも気前がよいことを見せつけることで共同体間の権力関係で優位な立場を築くことができる。また共同体の内部に向けても、気前のよさを示すことで周囲からリーダーとしての信

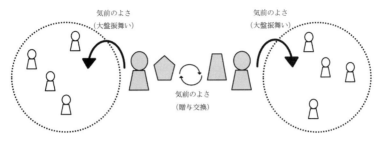

図2-14　ポトラッチの構図

認を勝ち得ることができる。

　気前のよさは多くの場合、散財というかたちで誇示される（図2-14）。贈与交換の場面においては、相手よりもより多くの物財を贈与することを目指して贈り物の豪奢を競い合う。また共同体の内部に向けては、贈与交換からの獲得品を成員に対して大盤振舞いして使い尽くす。ポトラッチにおけるこうした散財は共同体間および共同体内での財の移動を促し、その帰結として社会全体で富の再分配が実現する。ポトラッチは機能主義の観点から見れば、富の再分配のための制度として位置づけることができる。

　ポトラッチの贈与の競い合いはまれに富の破壊という形態に発展することもある。自分の気前のよさをより印象的に誇示する手段として、富の破壊というかたちの浪費が行われる。富の破壊の形態を取るようになると、ポトラッチから富の再分配の機能は失われてしまう。ただし、その場合でも貧富の格差を平準化する制度としては機能している。いずれにしてもポトラッチにおける財の役割とは、気前のよさを誇示するための手段として使われていることが分かる。豪華な贈り物、盛大な供応、派手な浪費などの行為はすべて、気前のよさを表出するために行われる。

　ポトラッチは確かに、支配をめぐる優越的地位の獲得のために行われる。ポトラッチにおける贈与の目的はより多くの贈り物を与えることである。贈り物によって相手を圧倒、凌駕することを目指すという

点で、それは共同体間の富による戦争と見ることもできる。しかし、それでも贈与には平和的な関係性の構築を可能にするという性質が作用する。ポトラッチという平和的な競争の装置があるおかげで、もしかしたら直接的な暴力による紛争が回避されているかもしれない。直接的な紛争を回避するという論理において、ポトラッチと沈黙交易とは同一の論理を内包している。サーリンズは以下のように述べている。

> 市民社会では、国家が平和を保証してくれるが、未開社会では、平和が贈り物によって、かちとられる。
>
> （サーリンズ『石器時代の経済学』）

　贈与には紛争の争点を負い目の清算という非物理的な局面へとずらす力がある。ポトラッチによる贈与交換も共同体同士を負い目の関係性で結びつける。ポトラッチで生じた負い目はポトラッチで清算するしかない。その関係性は贈与の連鎖として無限に続いていく。

◆カニバリズムと復讐の連鎖

　E. ヴィヴェイロス・デ・カストロは大航海時代以降の宣教師が書き記した報告書資料の分析を通して、トゥピナンバの人びとの文化的な価値観を再構成している。トゥピナンバとは本来、ブラジル沿岸地域の先住民の一民族を指す言葉である。しかし今日では、トゥピ語を話す先住諸民族の総称としても同じ用語が使われている。ここでもトゥピナンバを総称の意味において用いる。

　トゥピナンバの社会ではかつてカニバリズムが行われていたとされる。宣教師たちはキリスト教を布教する中で、カニバリズムのような野蛮な習俗を改めるように繰り返し説得しようとする。現地の人びとはおおむね素直で信心深いことが宣教師たちの記録では繰り返し報告されている。宣教師たちの話を聞き入れ、キリスト教を信仰するようになった人も多かった。しかし、カニバリズムの習俗を撲滅することは容易ではなかった。宣教師たちはこうしたトゥピナンバの態度を気

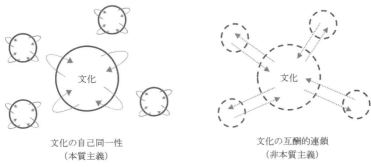

文化の自己同一性　　　　　　　　　文化の互酬的連鎖
（本質主義）　　　　　　　　　　　（非本質主義）

図2-15　文化の同一性に関する2つのイメージ

まぐれとして捉え、厄介な問題と認識していた。

　ヴィヴェイロス・デ・カストロは宣教師たちが当惑した気まぐれの問題をトゥピナンバ社会全体の中で捉え直している。その作業の中でカニバリズムが復讐のための戦争と深く関連していることを見出す。そしてトゥピナンバの価値観において、カニバリズムよりも復讐のための戦争のほうが重要なものであることが明らかとなる。カニバリズムは復讐のための戦争という一連の過程の中に組み込まれている1つの下位的要素である。それゆえカニバリズムが行われなくなったとしても復讐のための戦争という習俗それ自体は継続することが可能である。反対に、復讐のための戦争が行われなくなれば、カニバリズムもなくなる。事実、カニバリズムを止めることには同意するけれども、復讐のための戦争は止めないとの立場を取るトゥピナンバの人たちも多くいた。

　ヴィヴェイロス・デ・カストロはカニバリズムや復讐のための戦争を分析する中で、その背後にトゥピナンバ社会が文化的基盤を保持していく特殊な論理があることを発見していく。その論理を捉えるためには、自己の同一性という考え方に依拠して文化的基盤を捉えようとしてきた従来の人類学の分析視点を大きく転換する必要がある（図2-15）。自己の同一性に依拠する考え方は本質主義に立脚するものである。本質主義は、事物には内部的な一貫性あるいは外部との境界性を

明確化することが可能な本質があると考える。この考え方からすると、文化とは変化にさらされつつも、その本質部分を再帰的に保持していく傾向性を持った価値体系であるとされる。文化的基盤を自己の同一性の論理に結びつける本質主義的な考え方はネガティブ・フィードバックのイメージで文化を捉えているといえる。

　それに対して、トゥピナンバ社会がその文化的基盤を保持するやり方はいわばポジティブ・フィードバックである。そもそも文化に本質的とされる部分などはない。文化とは多様な要素間の相互作用の中で織りなされる文様のようなものである。その文様はつねに可変的である。文化が1つの構成物のように見えるのは、そこに文様という1つのパターンが形成されるためである。しかしそれはあくまでパターンという形式であり本質ではない。それは空気や水などが作る渦巻きを周囲の部分から区別された1つの構成物として認識できることと同じである。文様としての文化はつねに外部と変化とに対して開かれている。ポジティブ・フィードバックの視点に立つと、自己同一性の維持作用としてではなく、さらには同化や抵抗の作用とも異なる新たな文化の側面が見えてくる。ヴィヴェイロス・デ・カストロも指摘するように、それは互酬（交換）の連鎖としての文化である。

　トゥピナンバの共同体は近隣の共同体とつねに敵対的な関係性を持っている。そのために復讐のための戦争が絶えることがない。互酬の視点から見ると、復讐のための戦争とはサーリンズのいう否定的互酬の1つということができる。一般的互酬では贈与とともに負い目を相手に与える。負い目を清算しようとすることから無限連鎖の関係性が生じる。他方、否定的互酬では相手からモノ（戦利品）を獲得すると共に恨みを与える。否定的互酬も一度その関係性に組み込まれるとその相互行為は無限連鎖となる。トゥピナンバの場合には重要な戦利品が捕虜であり、その捕虜を食べるという儀礼を通して復讐を果たす。戦争で負けた側は恨みを抱き、復讐のために次の戦争の機会を探る。こうした否定的互酬の構図は仇討ちや決闘などの習俗の中にも見出せる。トゥピナンバ社会では、復讐の連鎖が近隣の共同体同士を敵対的

に結びつけている。こうした復讐の連鎖の総体がトゥピナンバ社会の文化的基盤である。そこでは共同体間の関係性の継続こそが文化の同一性を支えるものである。

9

分業と協業

9-1 分業の役割

◆生産性の向上

　分業の進展は社会発展の原理である。スミスは『国富論』において、この命題を詳細に論じている。同書の主題を端的に述べるとすれば、豊かさとは何かという問いに対する答えの探求であるということができる。国民の富とは何か、富はどのように作り出されるのか、豊かな生活はどのような原理に基づき実現されるのか。スミスの示した解答は、分業の進展という1つの簡明な原理であった。

　先述したように、スミスは人間社会の発展の歴史を4段階理論として図式化している。その図式の4段階目に当たるのが商業社会である。商業社会とは、多種多様な商品が日々、大量に取引（交換）される社会である。スミスはそうした取引過程の全体を商品の生産と分配のメカニズムとして捉えたうえで、分業というただ1つの原理がそのメカニズムを支えていることを論証している。

　もっとも、分業の進展とは商業社会のみに当てはまる社会発展の特殊原理ではない。それは人類社会のあらゆる段階に適用できる普遍の発展原理である。商業社会は分業が高度に発達した帰結として実現される社会である。豊かさの原理である分業が高度に発達している商業社会はそれゆえに豊かな社会であるということになる。

　分業には2つの種類がある。作業場内分業と社会的分業の2つである。作業場内分業とは、ある特定の商品の生産に係わる分業のことである。生産工程の分化を指す言葉としての分業である。他方、社会的分業とは、新たな仕事の創出、つまりは職業それ自体の分化としての分業である。ただし両者の区分には曖昧な部分がある。例えば、生産工程の分化といっても、それが高度化していくと、いずれはそれぞれの工程が専門の職業として独立することがあるかもしれない。反対に、元は別の職業であったものが技術の進歩に伴い1つの生産工程として統合される場合もあるかもしれない。とはいえ両者を区別しておくことには一定の意味がある。両者を区別することによって、組織内での分業

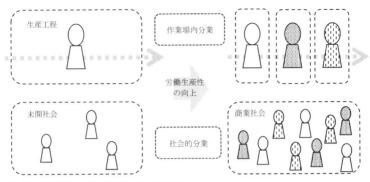

図2-16　分業の進展と労働生産性の向上

と組織間での分業とを区別することができるからである。

　スミスは2種類の分業が共に社会発展の原動力であると述べる。生産工程の分化と職業の分化という一見、無関係に見える2つの現象は、分業の進展すなわち労働生産性の向上という1つの論理に一般化できることをスミスは発見する。それにより社会発展を分業の進展という視点から一元的に説明することが可能となる。社会の発展段階論をはじめて体系的な動態理論として確立したところに『国富論』の重要性がある。スミスの4段階理論は、人類社会がどのように発展するかを説明するだけではなく、なぜ発展するかについても説明している。

　生産工程の分化であれ、職業の分化であれ、分業の進展は作業の効率性を向上させる（図2-16）。その結果、労働の生産性が高まり、大量の商品の生産が可能となる。各人はそれぞれの生産物を商品として交換することで豊かな消費生活が実現する。こうした分業の進展および社会の富裕化の背景には、利己的な諸個人による自己利益の追求がある。各人が利己心を豊かさの追求というかたちで発揮することは健全であるとスミスは考える。今よりも豊かになりたいという自己利益の追求が結果として、社会全体を富裕にするからである。

　とはいえ、スミスは分業の進展の帰結を手放しで称賛しているわけではない。分業の進展が社会にもたらす負の影響についてスミスは懸

念を示している。作業や職業の細分化が高度に進むと、多くの人は仕事において同じことを繰り返すだけの存在となる。その結果、人びとの視野が狭くなり精神が愚鈍になることで、想像力や思考力が低下する。想像力や思考力の低下は、教養の涵養や趣味の洗練化を阻害する。分業の進展の高度化は物質的な富裕をもたらす半面、精神的な貧困ももたらす可能性がある。

◆社会的連帯の維持

　より豊か（幸福）になりたいという各人の利己的な欲求の追求が分業の進展の原動力であり、分業が進展することで社会は発展していく。これがスミスの分業論の骨子である。ここでは、分業の進展が社会に変化をもたらすとの因果関係が設定されている。こうしたスミスの分業論とは反対の因果関係において分業の進展を捉えようとしたのがデュルケムである。分業の進展が社会を変化させるのではなく、社会の変化が分業の進展を促す。デュルケムはこの命題の妥当性を論証するかたちで独自の分業論を展開している。

　人間は他の生物と同様に、生活環境の変化を嫌うものである。この環境変化に対する忌避という生物としての性向がデュルケムの分業論の出発点である。各人の幸福とは、スミスのいうような豊かさの追求からもたらされるものではなく、ある特定の健全な生活様式の恒常的な維持からもたらされるものである。特定の生活環境への適応が一定の様式として安定している状態こそが幸福を意味する。幸福は、豊かさを追求するかたちで無際限に生活環境の変化を希求する過程からは得られない。人間も含めた生物とは本来、保守的な存在であるとの前提を受け入れることがデュルケムの立場である。この議論の前提を踏まえたうえでデュルケムの分業論の論理を辿ってみよう。

　デュルケムは分業が社会の凝集性を作り出していることを指摘する。社会の凝集性とは、人びとが連帯して共生する中で生じる人間関係の密度のことである。この人間関係の密度の違いが生活環境（社会）の違いを表す。デュルケムは人間関係の密度の変化を生活環境の変化の

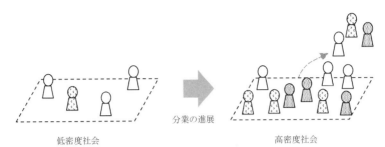

低密度社会 高密度社会

図 2-17　分業の進展と社会の凝集性

分業の進展

指標と見なすことで、変化への適応作用としての分業の機能を説明していく。

　人間関係の密度は、道徳的密度と物質的密度という2つの密度から構成される。道徳的密度とは諸個人間の相互作用の度合い、すなわち接触頻度のことである。それは人びとの接近や交通の回数として測ることができる。他方、物質的密度とは諸個人間の空間的な密集度、すなわち人口のことである。それは特定の空間や地域に居住している人数として測ることができる。

　これら2つの密度が高くなるほど、社会の中で分業が活発に進展する。なぜ人間関係の密度が高まると分業が進展するのか。それは生存競争への圧力が高まるためである。人間関係の密度の高まりは、接触頻度の高まりと人口密度の高まりを意味する。そうした密度の高い社会では、みなが同じ生業を持つことは困難である（図2-17）。例えば、1つの地域に必要なパン屋や魚屋の数の上限は人口との関係で決まる。人口密度が高いほど、それぞれの職業における競合は激しくなる。職業の競合が激しくなる中で、その職業を断念した人びとは、その地域を去るか、それとも違う職業に就いて同じ地域にとどまるかを選択しなければならない。こうした生存競争の帰結として、分業が進展していくこととなる。分業の進展とはこの意味において、多くの人びとが同じ社会で共生していくために要請される適応の過程である。人間関係の密度の高まりという生活環境の変化が人びとに適応を促すことで

多様な職業が生まれ、それが多くの人びとの相補的な連帯を可能にする。

　スミスの分業論が富裕化という社会の「進歩」に注目するのに対して、人間関係の密度の変化に対する適応という社会の「進化」に注目するのがデュルケムの分業論の特徴である。こうした両者の議論の違いは、時代背景の違いとして理解することができる。スミスが活躍した18世紀はいわゆる啓蒙の時代と呼ばれ、進歩が時代のキーワードであった。一方、デュルケムが活躍した19世紀は啓蒙の限界が顕著となる中で進化論が台頭してきた時代である。進化論の以前と以後という時代背景の差が、分業の捉え方の違いとして顕在化していると見ることができる。

◆ヒエラルキーの構造化

　L. デュモンは社会的分業が有するもう1つの機能を指摘する。その機能とは、社会の中のヒエラルキー構造の維持である。デュモンはインドのカースト制度の研究を通じてこの点を明らかにしている。カースト制度の特徴は、①結婚や身体接触における分離、②分業、③ヒエラルキーの3つである。この特徴はデュモンがC. ブーグレの研究をもとに整理したものである。その定義によると、カーストとは複数の世襲集団から構成される階層的な社会秩序のシステムである。複数の世襲集団は分離と相互依存を通じて複合的に結びつきながら、全体として秩序を維持している。結婚や身体接触の制限というルールは異なる集団間の分離を強固にする。他方、集団に基づく職業の分離は分業というかたちで集団間の相互依存を可能にしている。こうした分離と相互依存の帰結として集団間のヒエラルキーが構造化されることとなる。

　カーストにおいて集団間のヒエラルキーを規定する根本的な原理は1つである。それは清浄と不浄の対立である。浄なるものの不浄なるものに対する優位という価値観がカースト制度の根幹である。浄なるものと不浄なるものは分離されなければならない。それゆえ両者の接触や混合は忌避される。この論理は職業にも適用されるため、分業と

いうかたちで清浄の職業と不浄の職業とが区別される。

　清浄と不浄の分離に対するこだわりの実践がヒンドゥー教徒の生活における最大の関心事である。デュモンはこうした特定の価値観へのこだわりの実践を人間による価値の実践として一般化することを試みる。その中で、人間による価値の実践には何らかのヒエラルキー化が必然的に付随することを指摘し、特定の価値観に基づく社会的不平等の構造化が人間社会の継続には不可避的に伴うと論じている。

　一般に清浄と不浄との間には単純な対立関係だけではなく、補完関係が内包されている。この関係性はたんに二項対立という概念図式それ自体に付随する相対性という性質から生じるということではなく、社会の維持という機能的な性質からも生じる。人びとはみな個人的に見れば、日々の生活の中で不浄になっていく。身体にまつわる生理現象、家族生活の中で遭遇する命の誕生と死滅、様々な物質との接触などにより不浄性が高まる。しかし、こうした個人生活にまつわる不浄性は、隔離や沐浴などを通じて浄化することができる一時的な不浄性である。こうした一時的な不浄性とは別に永続的な不浄性というものがある。それが不浄な仕事に係わる職業としての不浄性である。社会全体として見る場合、他の人びとの清浄性を保つためには、誰かが不浄な仕事を引き受けなければならない。とりわけ人間の有機的な生命活動に伴う不浄性からなるべく離れるためには、清浄性を弱める事物との接触を避ける必要が生じる。清浄性を守ろうとする傾向はその反面において必ず、不浄な事物と継続的に接触する仕事を生み出すこととなる。そして、そうした不浄な仕事に従事する集団は不可触性という性質を帯びる。

　集団間の浄不浄に基づくヒエラルキーは、分業という視点から捉えたとき、上位の集団が接触を忌避して排除した事物を下位の集団が専門的に引き受けることで維持されている（図2-18）。この意味において、職業の専門化すなわち社会的分業の発達は集団間の分離を構造化しつつ社会全体の必要を充足するという機能を担っているということができる。

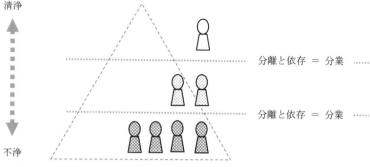

清浄

不浄

分離と依存 ＝ 分業

分離と依存 ＝ 分業

図 2-18　分業と浄不浄の階層的秩序

　分業は社会のヒエラルキーを維持する機能を果たしている。このことは集団間の経済的な相互依存関係がカーストという宗教的な分離関係にたまたま適合したことから生じた結果ではない。分業とは宗教的な秩序の基盤であると同時に、宗教的な表現そのものでもある。職業の分化とは諸個人の自由な選択の結果ではなく、特定の価値体系から演繹的に導出された人びとの相互依存の様式である。これがデュモンの主張する分業の論理である。

9-2 協業の役割

◆搾取と依存

　1920-30年代、東南アジア各地の農村社会において農民反乱が多発した。J. スコットは前近代的な農村社会に生活する人びとの心性という視点から東南アジアの農民反乱の論理を分析している。近代化以前の農村社会には農民の生活全般を貫徹する基底的な規範がある。スコットはその規範を生存倫理と呼ぶ。自己が直面する要求や事態が生存倫理に照らして容認できるかどうか、その判断が農民の行動を決定する。スコットによれば、農村社会における農民反乱の性格とは、基本的に消費者の反乱である。農民たちは生存倫理に照らして、その消費生活が危機に陥ったと判断したときに反乱を起こす。スコットはこのような仮説を設定し、生存倫理という概念を軸に反乱へと至る農民たちの行為選択の論理の再構成を試みている。

　生存倫理とは農民に共有されている暗黙的な規範である。生存倫理の特徴は安全第一主義である。それゆえ生存倫理はリスク回避的な行為を人びとに選好させる要因として作用する。前近代的な農村社会の人びとはなぜ生存倫理を規範としてリスク回避的な行為を選好、選択するのか。それはそうした農民の多くが生存を維持できる限界的な水準で生活せざるを得ない境遇に置かれているためである。農民の生活はつねに不安定で、飢餓や飢饉の脅威につねにさらされている。気候の順不順などの自然的要因および植民地支配や封建制的統治などの社会構造的要因が生活を不安定にしている。こうした不安定性の要因に変化が生じると、その影響は農民の生活に大きな打撃を与える。不安定性の要因の些細な変化であっても、すでに限界的水準で生活している農民にとってはそれが生存の危機に直結する。こうした状況下では、リスク愛好的ではなく、リスク回避的な心性が行為の規範とならざるを得ない。

　生存倫理の規範は、農村社会の停滞状態と農民の依存状態を帰結する。生存の限界的水準に置かれている状況では、1人の失敗の影響が

当人の生存を危うくするだけで終わらずに、家族や集落全体の生存をも危機に陥れる。それゆえ、多くの農民がリスク回避的な行動を取る中で、1人だけリスク愛好的な選択をすることは難しくなる。また互助的な関係性よりも個人的な利益を優先するような行動も生存倫理の基準からすると非難の対象となる。前近代的な農村社会の人間関係を平等主義的と見ることは正しくないとスコットはいう。それが平等主義的に見えるのは、生存倫理の規範が作用する結果として諸個人に対して強い同調圧力がかかり、集団主義的な行動を取らざるを得ないからである。生存の限界的水準に置かれた社会とはすなわち、個人的な失敗や非協力を社会的に許与するだけの物質的な余裕がない社会である。それゆえに経済発展よりも生活の安定を志向することとなり、農村社会に停滞がもたらされる。

　農村社会の停滞は、植民地国家や地主貴族など社会のエリート層による農民の搾取が原因の1つであるといわれてきた。搾取の苛烈さは通常、農民の収入からエリート層に税や地代として再分配される数量や割合の大きさから判断されることが多い。しかし搾取の問題は、農民の主観的評価を考慮に入れる必要がある。生存倫理を規範としている農民にとって最も重要な事実は、どれだけ取られるかではなく、どれだけ残るかということである。この思考法に従えば、手元に残る収入が例年並みであれば、豊作の年に収入の多くの部分が上層部に再分配されることはそれほど過酷な搾取とは感じられないということになる。反対に、不作の年には、たとえ搾取の量がわずかであったとしても手元に残る収入が例年並みを下回る場合には、苛烈な搾取として受け止められることになる。もちろん農民としても、収入の多くが税や地代として再分配されること自体を積極的に望むことはないであろう。ただし、エリート層の前近代的な社会的義務と合わせて考えると、そうした搾取が是認される可能性が出てくる。前近代的な社会的義務とは、貧困層の生活の安定化を担う責務のことである。こうしたエリート層の社会的義務は制度化されることで、農村社会における一種の社会保障として機能する。生存の限界的水準にいる農民たちは搾取を社

会保障との組み合わせにおいて受け入れ、エリート層への依存状態を主体的に選択する。

　貧困者の生存基盤を棄損しないことや非常時に貧困者の生存を保障することはエリート層の社会的地位に伴う義務である。エリート層と貧困層とのこうした父権主義的な関係の制度化された仕組みは一般に、モラル・エコノミーと呼ばれている。

◆インボリューション

　インボリューション（内旋）はA.ゴールデンワイザーが最初に提唱した概念である。そもそもの意味は、技芸やものごとのやり方などの様式が最終的な発展段階に到達した後に安定化したり新たな様式に取って代わられたりすることなく、内的に複雑化してさらに発展していくことである。C.ギアツはこのインボリューションの概念をインドネシア農村社会の分析に応用する。ギアツは分析において、農村の組織や制度が内部的に複雑化していくかたちの発展過程があることを実証し、その過程をインボリューションと名づけている。

　農村においてインボリューションが生じる根本的な要因は人口圧力である（図2-19）。農村に限らず、それぞれの社会には許容できる人口規模の生態学的な限界が存在する。人口が増加し、その限界に近づくときに人口圧力が高まる。人口圧力が高まると食糧事情や雇用事情などの悪化を招き、その結果として社会全体の生活水準が低下する。許容量に照らして過剰な人口は通常、その社会の外部へと流出していく。しかしながら、何らかの理由で外部への流出が制限されるとき、過剰な人口を社会内部でなんとか吸収しようとする。その帰結としてインボリューションの過程が始動すると考えられる。

　インドネシアの伝統的な農業は焼畑と灌漑水田の2つである。ギアツは灌漑水田が盛んなジャワ島を中心とする地域を内インドネシアと呼び、焼畑が盛んなそれ以外の地域を外インドネシアと呼ぶ。インボリューションは内インドネシアで展開した。棚田（サワ）を中心とする灌漑水田農業が行われていた内インドネシアでなぜインボリューシ

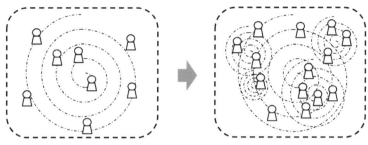

図2-19　インボリューションのイメージ

ョンが起きたのか。ギアツがまず注目したのがオランダによる植民地
支配の影響である。オランダの植民地政策は17世紀から20世紀初頭ま
で一貫していた。その関心は世界市場向けの輸出商品作物（砂糖、藍、
タバコなど）の生産拠点としてインドネシアを支配することにあった。
一方で、稲作を中心とする伝統的な農村社会の構造はそのまま残存す
る。その結果、オランダの統治下において、自給用の水稲生産と輸出
用の商品作物生産という二重経済構造が形成されることとなった。
　二重経済構造の中で、オランダは水田耕作と相性のよい一年生作物
であるサトウキビの生産をジャワ島において拡大していく。水稲とサ
トウキビの栽培のための生態学的条件は似ている。そのため、サワの
土地はサトウキビ栽培に占領されていった。ギアツはジャワ島の中で、
サトウキビの主要な栽培地域がその他の地域と比べて、米の生産性が
高く、さらに人口密度も高いことを発見する。3つの要因間には明ら
かな正の相関が見られる。その謎を解く鍵がインボリューションであ
る。
　サトウキビなどの輸出商品作物の栽培はオランダに独占されていた。
それに加えて、工業など農業以外の産業も未発達であった。こうした
ジャワ島の農村を取り巻く状況がインボリューションのための下地を
形成していた。ジャワ島の農民は増加する人口を自給用の水稲栽培に
振り向けるしかなかった。工場労働者として外部へ流出することもで
きず、輸出商品作物の生産という近代農業への転換も制限される中で、

農民たちは伝統的なサワ農法を多くの労働を投入する形態へと発展させていった。その結果、農地の保有形式、小作関係、労働編成など様々な面において、サワ農法をめぐる人びとの関係性は精緻化した。

インボリューションが進展するにつれて分業や協業の仕組みは複雑化していく。過剰人口を吸収するためには、労働集約化を進めざるを得ない。より多くの人手をかけることで生産性の向上を実現することがインボリューションの基本的な特徴である。こうしたインボリューションの特徴は人口が増加する社会が自然環境に適応することから生じたものである。それはデュルケムが指摘したように、多くの人びとが同じ社会で共生していくために要請される分業の進展である。

◆競争か協同か

経路依存性という概念がある。経路依存性とは、ものごとが時間的推移の中で変化する過程においてその変化の方向性が過去の状況に制約されることを一般的に表す概念である。『行商人と王族』はインドネシア社会の近代化を描いたギアツの著作である。同書の分析に経路依存性の視点が貫かれている。

ギアツは同書の中で、インドネシア経済の近代化の経路について論じている。モジョクト（パレ）とタバナンというインドネシアの2つの都市の近代化の経路が対照的といえるほど大きく異なるものとなったのはなぜか。ギアツは2つの都市の性格の対照性を明らかにし、モジョクトとタバナンをそれぞれジャワ島とバリ島の小都市の典型として位置づける。そのうえで両者の発展過程の比較を通じて、経済の近代化という過程が画一的なものではなく歴史的特性により制約されることを実証的に明らかにしていく。

ギアツは企業型経済の台頭へと至るまでの近代化の進展を論じる。合理的な経営を追求する効率的な組織としての企業が経済活動の主役となることで経済の近代化は進展する。この意味において、合理的な経営組織としての企業の出現は経済の近代化の1つの基準と見なすことができる。一般に経済の近代化は長期的な展望において、企業型経

表2-2 モジョクトとタバナンの比較

都市名	歴史的特性	近代化の経路
モジョクト （ジャワ島東部）	商業都市 （経済的中心地） バザール型経済	交換的関係 個人主義的・競争的
タバナン （バリ島南部）	宮廷都市 （政治的中心地） 農村型経済	互酬的関係 集団主義的・父権的

済の拡大という方向に一様的に向かっていくと想定される。しかしながら、そこに至るための経路は多様であり得る。その多様性を形成する要因の1つが経路依存性である。

　2つの都市の特徴を比較してみよう（表2-2）。モジョクトはジャワ島の東部にある都市である。商業都市のモジョクトでは、近代化以前にすでに市場交換型の貨幣経済が発達していた。モジョクトの経済活動において、小規模の零細ビジネスを行う商人が圧倒的に多数を占めており、その多くはムスリムであった。商人たちは市場に集まり値踏みや駆け引きを繰り返しながら利益の少ない取引を行っていた。ギアツはこうしたモジョクトの生業形態をバザール型経済と呼ぶ。他方、タバナンはバリ島南部の都市である。14世紀のマジャパヒト王国の統治時代に宮廷都市として発展した。近代化以前のタバナンは王族を中心とした封建制的な農村社会であった。人びとは互酬的な関係性を作って農業を営んでいた。ギアツはタバナンの生業形態を農村型経済と呼んでいる。タバナンの人びとは檀家や親族や集落など、多種多様な結社の成員として緩やかに結びついていた。その中でヒンドゥー教の上位カーストの王族が地域の指導的役割を独占していた。結社内部での農民同士の平等性は高い反面、カーストに基づく階層間の人間関係は父権的な性格が強かった。王朝支配の消滅後も旧王族の出身者は依然として強大な社会的影響力を保持している。

　2つの都市それぞれの歴史的特性は経済組織の近代化すなわち企業型経済の形成にとって利点と不利点の両面的な影響を発揮する。バ

ザール型経済の商人たちは自立心が強く個人主義的で互いに競争的であり、短期的な利益のみを追求する傾向が強い。バザール型経済は経済的自立を促すため、自由な競争的市場としての企業型経済と親和性が高い。その反面、過度の個人主義は組織の拡大を阻害する方向に作用する。バザール型経済では、家族経営の規模を超えて事業の拡大や資本の増強などを行うための相互信用を社会的に醸成できない。そのことが適正規模の効率性の高い企業組織の形成を阻害する要因となる。一方、農村型経済における王族と農民との封建制的関係性は、近代化の過程においても根強く残り、集団主義的な企業組織の形成に寄与する。タバナンでは旧王族の出身者が経営する寡占的な企業の形成が多く見られる。そうした経営者は経営の合理化よりも地域における威信や政治的影響力の保持を優先する傾向がある。地域住民の雇用の確保や生活の安定は王族が果たすべき伝統的な義務であり、企業経営を通じてその義務を確かに履行しているとの自負を旧王族出身者たちは持っている。こうした父権的な経営方針は組織の肥大化をもたらすことで効率的な企業組織の形成に対する阻害要因となる。

10

モノの時空

10-1　威信財の時空

◆威信財の論理

　未開社会や古代社会における人びとの経済活動は飢餓や利得に起因する利己的行為としてしか捉えられてこなかった。人びとの経済活動の動機をすべて利己的な物質的欲求の充足に限定してしまうことは、人びとと財との係わりが生み出す多様な意味世界を経済の分析から捨象してしまう。マリノフスキーは従来の考え方をこのように批判したうえで、人びとと財との係わりを社会総体に照らして再構成することの重要性を論じる。

　トロブリアンド諸島（パプアニューギニア）の社会ではヤムイモとの係わりが生活の中で重要視されている。ヤムイモは食糧としての有用性のためだけに生産されるわけではない。現地の人びとはヤムイモとの係わりを通じて、農作業の効率性や迅速性を競い、耕作地の審美性を競い、収穫量の多寡を競う。ヤムイモ作りの競争において優れた結果を残した者は周囲から称賛と名声を獲得する。またヤムイモ作りにおいて有能であることは当人にとっての誇りでもある。

　人びとは何のためにヤムイモ作りに励むのか。それは現地社会の価値観や人びとの生きがいなどを体験として理解し、その理解に照らして人びとの行為動機の複合性を再構成しなければ明確にすることはできない。どのような社会においても人びとは道具性と成就性にまつわる複合的な動機から種々の財と係わる。伝統、義務、呪術、野望、虚栄など様々な社会的要因の複合から経済行為の動機は構成される。マリノフスキーは参与観察と機能主義という2つの新たな方法論を駆使して、この命題の妥当性を実証していった。

　トロブリアンド諸島のヤムイモのような財は、一般的に威信財と呼ばれる。威信財は生存財と対照をなす財の区分のカテゴリーである。ただし、この区分は状況に応じて変わる。例えば、ヤムイモは状況に応じて、生存財にも威信財にもなる。生存財とは当該社会において日々の生活の維持という生存に必要な諸財のことである。対して威信

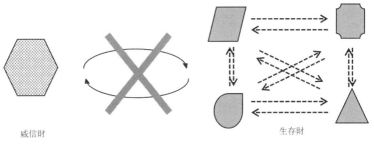

威信財   生存財

図 2-20　交換の制限

財は、個人的または集団的な権威、威厳、信頼を誇示する目的で保有
される物財として定義される。威信財は人びとを集合的記憶や儀礼的
慣習へ結びつけることを通じて、社会の凝集性や継続性を保証する機
能を果たす。人間関係に一定の様式性を与えることで、相互行為の成
就性に秩序をもたらす作用を威信財は有する。威信財は純粋にコミュ
ニケーションの媒体として社会に組み込まれている物財である。

　ある社会の中で異なるカテゴリーに分類される財同士の交換はタ
ブーとして制限されていることが多い。威信財として分類される財は
一般に、生存財と交換することはできない（図2-20）。交換が成立しな
い理由は両者の価値が釣り合わないからではなく、両者の財としての
カテゴリーの位置づけが異なるためである。威信財は、生存財との交
換が制限されることにより日常生活の生存の領域から排除されている。
そして生存の領域からの排除という社会内での位置づけが威信財の象
徴としての作用を際立たせることとなる。

　ゴドリエによれば、威信財は、①無用性（非実用性）、②抽象性、③
審美性という3つの特徴を持つ。無用性とは、日々の生活において役
に立たないものという意味である。それは必要性（生存）の領域から
の排除を意味する。生存財と異なり、威信財の欠如が日常生活の維持
を困難にすることはない。必要性の領域から排除されているがゆえに、
威信財の領域はゲームとしての遊戯性を帯びることを可能にする。権
力や名声などの社会的地位の獲得競争が威信財をめぐるゲームとして

遊戯領域のみに限定されることで、その競争結果が生存のレベルで各人に直接的な影響を与えることがなくなる。社会の規模や凝集性が損なわれることを行為の遊戯性が予防している。抽象性とは、物質的な素材としての有用性を威信財が消失させているという意味である。威信財は物質的な有用性ゆえに需要されるのではなく、その象徴的意味ゆえに需要される。石や貝殻などが威信財となることがあるのはそのためである。物質的な有用性がほとんどないがゆえに、意味の媒体としてどのような象徴性も威信財は担うことができる。審美性とは、威信財の美しさが荘厳さや高貴さや優雅さなどの卓越性を演出するという意味である。威信財の美が喚起する卓越性はその財の所有者にも転化されることで、人物としての卓越性を周囲に顕示する。

◆財のカテゴリー

　トロブリアンド諸島におけるヤムイモは共同体の内部で流通する威信財である。威信財の中には複数の共同体にまたがり流通するものもある。マリノフスキーはクラの研究を通じてそうした威信財についても論じている。クラとは、トロブリアンド諸島を含むニューギニア東端に広がる島々一帯を範囲として行われる儀礼的な贈与および交易体系のことである。クラではムワリ（白色の貝の腕輪）とソウラヴァ（赤色の貝の首飾り）という2つの決められた財の贈与交換が行われる。この2つの財は贈与の連鎖を通じて、島々をめぐる円環の軌跡を描く。

　クラが行われる範囲を図で確認してみよう（図2-21）。この図に描かれているように、ムワリはつねに反時計回りの方向に受け渡され移動していき、ソウラヴァはつねに時計回りの方向に動いていく。クラは規則的に行われる。決められた場所で決められた相手との間でのみムワリとソウラヴァの贈与交換が行われる。クラは公的な性格を持ち、財の贈与の場面だけではなく、クラに係わる準備段階の諸作業についても細部に至るまで呪術的な儀礼や伝統的な慣習および規則が伴う。クラに参加できることに人びとは誇りを持っている。クラに携わることは周囲からの称賛や尊敬の対象となる。ムワリとソウラヴァは威信

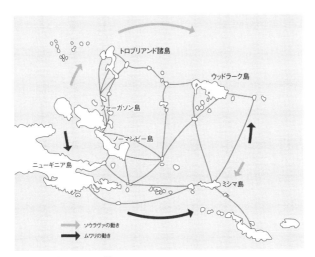

図 2-21　クラが行われる範囲

財として機能することで、その所有者に威信を付与する。

　クラによる贈与交換は図中のような複雑な財の移動と人びとの関係性を作り出している。しかしながら、マリノフスキーがフィールドワークを実施したときに、この仕組みの全体を把握していた現地住民は1人もいなかった。クラという仕組みの全体像を再構成したのは部外者のマリノフスキーである。機能主義の考え方を持ち合わせていたマリノフスキーという部外者の特異な視点だけが、クラの構造を俯瞰的に捉えることができたのである。

　威信財は交換過程を通じて多くの人びとを結合し、その結合を長期的に継続させる仕組みを作り出す。威信財の特徴として、クラで交換される2つの財は実用的価値をほとんど持たない。無用であるがゆえに必要性の領域から排除されており、日常生活の中で消費されて無くなることはない。一方で、素材としての耐久性を有するため、2つの財はクラ交換の円環経路を半ば永続的に移動し続けることができる。人びとの関係性やコミュニケーションの継続性を保証する仕組みを制度化できることが威信財の重要な特徴の1つといえる。

クラの研究を通じて、それぞれの文化には諸財を分類するための財のカテゴリーが存在することが明らかとなった。クラにおける財の交換では、一切の交渉が禁止されている。クラにおいて、受贈者が自分から欲しい財を指定したり返品したりすることはできない。不本意な財であっても、その場では必ず受け取らなくてはならない。それに対して、交渉が行われる交換もある。それはギムワリと呼ばれる財の取引で、クラに付随して行われる。ギムワリはクラに比べて様々な面で自由度が大きい。クラでは交換可能な相手が厳格に決まっているのに対して、ギムワリができる範囲は、クラの相手が所属する社会の成員すべてに拡大する。またクラで交換される財が決まっているのに対して、ギムワリでは日用品一般が交換される。したがってギムワリは、物々交換形式で行われる一般的な商取引であるといえる。一般的な商取引であるがゆえに、そこでは値切りや等価の調整などに関する交渉が認められる。クラで交換される財をギムワリで取引することはできないし、その逆も許されない。文化の中でそれぞれの財にはカテゴリーが設定されており、異なるカテゴリーに属する財同士の取引は一般に禁止されている。また財の取引の仕方や取引可能な範囲などもカテゴリーによる違いがあることをクラとギムワリの違いは示している。

◆威信財の移転

　威信財の移転、すなわちその所有者の変更はどのようにして決まるのか。N. マンはパプアニューギニアのガワ島のフィールドワークを通じて、その論理が、名声を媒介とした威信財と生存財との間の間接的な贈与交換の仕組みであることを明らかにしている。ガワ島はクラの交換ネットワーク圏内に位置しており、当然その威信財はムワリとソウラヴァである。一方、ガワ島において、重要な生存財はヤムイモとタロイモである。

　ヤムイモやタロイモの農園は生業の中心であり、豊かさの象徴である。とくにヤムイモは取引において、より重要な食物と見なされている。トロブリアンド諸島におけると同様に、ガワ島においても、ヤム

イモは生存財でもあり、内部的な威信財でもある。収穫したヤムイモは、3つのグループに分類される。グループ①は傷みのあるヤムイモで、小または中サイズのものである。それらは毎日の食事用であり、すべて自家で消費される。グループ②は最も割合が多い中サイズのヤムイモである。それらは種芋に使われると同時に、その一部は自家で消費される。グループ③はサイズが大きくて、収穫された中で最上級のヤムイモである。それらは来客（とくにクラのパートナー）用または特別な機会（集落の饗宴や結婚する女性への贈り物）用の寄贈品として使用される。この3つ目のグループのヤムイモは「財」と呼ばれ、特別なモノとしての意味合いが付される。

　ヤムイモの分類基準の背後には、食物の消費と移転（贈与）をめぐるガワ島の社会規範がある。ガワ島において食物の消費は利己的な行為と見なされる。自分の利益のためだけに食物を消尽してしまうからである。他方、食物の移転は寛大さを示す行為とされる。この利己と寛大とを両極にした評価尺度に照らして3つのグループを考えると、自己（自家）のためだけに消尽されるもの（グループ①）、ヤムイモ（食物）の再生産に資するもの（グループ②）、食物以上の何らかの価値を将来生み出すもの（グループ③）、という序列化がなされていることが分かる。ヤムイモを自分で消費せずに、他者のために贈与する人は周囲から高く評価される。さらにその評価が人びとの語りを通じて、ガワ島内部そしてクラの圏域全体の島々にまで伝播していく。その結果、当該の人物に対する名声を高める。

　寛大さの他にも様々な徳目がヤムイモとの係わり方と結びついている。例えば、手入れの行き届いたヤムイモ農園を持つ人には勤勉という評価が付され、収穫されたヤムイモを大量に保有する人には節制という評価が付される。このようにガワ島では、ヤムイモが名声の源泉となっている。

　名声を媒介とした間接的な贈与交換の過程を単純化して見てみよう（図2-22）。海を渡ってガワ島に来た訪問客Bに、ガワ島の住民Aが最上級の生存財（ヤムイモ）を贈与する。そうした贈与をBだけではなく、

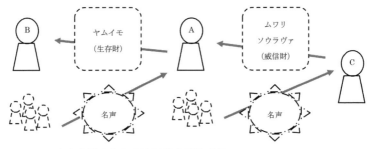

図 2-22　名声を媒介とした間接的な贈与交換

訪問客がある度に繰り返すことで、Aは寛大な人物であるとの評価が
ガワ島内外に広がる。Aは生存財の贈与を繰り返したことで名声を獲
得するに至る。Aの名声を知ったクラのパートナー Cは、自身の保有
する等級の高い威信財をクラにおいてAに贈与する。すると、有名な
威信財を他者に贈与したCもまた、寛大な人物としての名声を獲得す
ることとなる。

　この2つの贈与過程を一連の出来事として見た場合、それは価値の
高い生存財を手放した結果として価値の高い威信財を入手するという
仕組みになっていることが分かる。生存財と威信財を直接交換するこ
とはできない。しかしここでは、生存財と威信財との間の特殊なかた
ちの交換が時間を隔てて間接的に成立しているということができる。
この特殊な贈与交換の仕組みを媒介し、クラの連環の継続を可能にし
ているのが名声という象徴である。名声は贈与を通して、生存財およ
び威信財の流通を促進する機能を果たしている。名声が生存の領域と
儀礼の領域とを媒介しているということもできる。

10-2　係わりの痕跡

◆モノの履歴と貨幣の無時間性

　モノにまつわる時間的要素が有意味な表象すなわち価値としてその
モノに付帯することがある。そうしたモノや貨幣の所有が時間との関
係において有する意味合いをここで見ていこう。

　マオリ族では贈与されたモノにはハウと呼ばれる霊が付帯すると信
じられている。モースが『贈与論』の中で、ハウという霊的な力の作
用が贈与に対する返報の義務を生じさせる可能性を検討していたこと
はすでに述べた。モースは、贈与交換に係わる3つの義務の源泉がハ
ウ（あるいはハウに相当する霊的概念）の論理に見出せると考えていた。

　贈与に対する返報への拘束力はハウからどのようにして生じるのか。
ハウの作用の論理を確認していこう。あるモノがAからBに贈与され
て、所有の移転があったとする（図2-23）。そのモノはBの所有になっ
たときにハウを付帯させる。正確にどの時点でモノにハウが付帯する
かはよく分からない。しかし、そのモノがBのもとに移動したときに
はすでにハウが付帯している。次にBがCへそのモノをさらに贈与し
たとする。そのときモノの移転と一緒にハウもCのもとに移転する。
モノに一度付帯したハウは反対贈与が行われるまでモノに付帯し続け
る。

　時間の経過という観点から見た場合、ハウの霊的な力はモノの履歴
に由来する力であると考えることができる。ハウの作用により返報が
行われるとき、その返報が継起するルートはそのモノの所有が移転し
てきた過去のルートを逆向きに辿る軌跡を描く。返報の連鎖はそのモ
ノがどのような所有の履歴を持ち、どのような人間関係の中を通過し
てきたかという痕跡を浮かび上がらせる。モノの履歴という時間的要
素がそのモノにまつわる人間関係の痕跡をハウという抽象概念のかた
ちで想起させる。ハウとはこの意味で、モノの歴史性に係わる表象で
あるということもできる。

　G. ジンメルはモノの所有を人とモノとの相互作用の過程という視

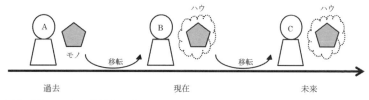

図 2-23　モノの移転とハウ

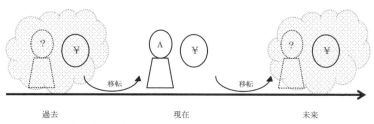

図 2-24　貨幣の移転の無時間性

　点から捉えている。所有とは人からモノへの一方的な働きかけではない。モノから人へも働きかける結果として所有が成立する。モノが人に働きかけるとは、特定のモノを所有するために人間の側に一定の能力や努力や資質などが要請されるという意味である。モノはその価値や扱い方などを熟知している人に適切に使用され、享受されるときにはじめて十全に所有されているといえる。人とモノとは相互作用を通じて、時間をかけて所有関係をより強固なものにしていく。モノの所有にはそのモノの履歴と所有者の経歴とが反映される。モノも人も所有の関係において、安定した意味づけを社会の中で獲得することができる。

　ジンメルは一方で、貨幣の所有には無時間性が伴うことを指摘している。貨幣はモノと時間との関係を断ち切り、空疎な所有関係を作り出す（図2-24）。貨幣の所有には特殊な技能は不要である。そのため、どのような経緯でその貨幣を所有することになったかという過去との接点は不可視になる。さらに貨幣は未来との接点についても不確定性

の中にその所有関係を韜晦させてしまう。貨幣を所有することは、財一般の所有可能性を保持しているということである。貨幣は人びとに、あらゆるモノを所有する可能性という意味での自由を与える。しかし貨幣はその手段としての純粋性ゆえに、自由の具体的な領域を確定することができない。貨幣の所有それ自体は未来を何も決定しないということである。貨幣は過去の消失と未来の複雑化を招来する特殊な無時間的なメディアとしての側面を持っている。

◆用の美とモノの無名性

柳宗悦は、美しさを持つ日用の工芸品を民芸と名づけ、民芸の魅力を発信する活動を民芸運動として展開した。柳によれば、普通のくらしの中で日常的に用いられるありふれたモノ（工芸品）の中にこそ美しさの本質がある。柳が日用の工芸品に見出した美は、用の美と呼ばれる。「用」とは実用性という意味である。用の美とは日用のモノが備える実用に適した機能美であるということができる。実用から離れて工芸の美はない。柳はこの原則を用美相即あるいは用美一如と表現している。

柳が機能美を有する民芸を高く評価した理由は、普通であることの美しさ、すなわち正常性の美が民芸において認められるからである。柳が高く評価する民芸は下手物である。そもそも民芸とは下手物を言い換えた表現であり、両者は同じ意味である。「下」とは「並」の意味であり、「手」とは「質（たち）」の意味である。つまり下手物とは普段使いのありふれた実用品のことを指している。それゆえ下手物としての民芸のデザインは日常生活の用途と切り離せない。

民芸が持つ用の美は健康であると柳はいう。用とは奉仕である。実用品である民芸は人びとの普通のくらしの用途に仕えている。人びとの日々の用途に仕えるためにはモノは丈夫でなければならない。また、仕えるものは華美であってはならない。さらには高価であっても希少であってもいけない。こうした用途への奉仕という民芸の本質がその美を健康なものに作り上げる。健康という価値は正常性の規範につな

民芸
（工芸品）

無銘

美術品

●●●作

図2-25　無名性と個別性

がる。柳は正常性が美の究極であると述べる。なぜなら、健康とは無
事であり、尋常であることを意味するからである。健康の美は最も自
然で正当な状態すなわち正常の美を表している。

　用の美には無名性という特徴がある（図2-25）。優れた民芸の多くは
無銘（無名）の品である。無名の品とは、作者不明または作者が分か
っていても特定の作者名をあえて明記する必要のないモノである。無
名の品であるからこそ、汎用性に優れ、安価で大量に生産可能なあり
ふれたモノになる。一方、美術品には作者（ブランド）名が付されて
いる。個性的なデザインや精緻な技巧などが作者の個性に結びつけら
れることで、その価値が保証されるためである。華美な装飾や希少な
素材、そこに作者の個性的なデザインと他に優れた技巧が加わること
で、美術品の価値は唯一無二となる。美術品が唯一無二という個別的
な美を高めれば高めるほど、その美は実用性から遊離していく。

　無名性には美の追求に関する大きな利点が含まれる。それは個人の
範囲を超え出ることができるという点である。個を解放し集団や組織
の伝統へと連なることで、より自由な個性を発揮するようになる。柳
はそれを秩序の美と呼ぶ。組織や伝統に従うことが自由の美へと至る
方途であり、個に固執することはかえって自我への拘束となる。秩序
の美に従うことはさらに、作為を離れて自然の理法に従うことでもあ
る。この意味において無名性とは、組織の法則と自然の法則とに準じ
て自由な美を追求することにつながっている。

　無名性は非顕示性と言い換えることができる。個としての差異や特
殊性へのこだわりから離れて、普遍や一般に連なることが非顕示的な

普通のくらしである。機能性に優れた非顕示的な日用品は人びとに自由で堅実な消費生活を保証する。民芸が有する非顕示性の論理の帰結として、その消費生活は過度のファッション性や装飾性から離れる。さらに、消費において不必要に個性を競うことがないため、自己の基準で自由に選んだ消費の様式に対する充足感を長く持続することができる。そこには自由を保持したうえでの、非決定の心地よさと匿名性の気軽さとが伴う。こうした非顕示的な消費生活こそが正常の美の実践である。用の美を備える民芸は日々のくらしを非顕示的に支える。消費生活において非顕示性を追求すればするほど、その様式から夾雑物や無駄な部分が取り除かれ、生活の正常性の保持に係るより純粋な要素だけが残っていく。普通のくらしの空間は非顕示的であるがゆえに機能的な空間となる。

◆嗜好の形成とモノのグローバルな流通

　人びとの嗜好はどのようにして形成されるのか。イギリス人の砂糖に対する嗜好性をめぐってこの問いに取り組んだのがS.ミンツである。砂糖は甘い。そして人間はみな、甘みを好む性向を持っている。確かにその通りであるが、そのことは、ある人びとが大量に甘いものを消費し、別の人びとはそれほど消費しない理由を説明しない。ミンツはこのように述べて、モノの消費には何らかの意味づけが付与されており、モノの背景を研究することでその意味づけを明らかにする必要があることを指摘する。砂糖の場合、その消費の背景を辿ると、イギリスの帝国システムや資本主義システムといったグローバルなシステムの論理とのつながりにまで問題の範囲は広がる。

　ミンツによると、10世紀頃まではヨーロッパにおいて蔗糖（サトウキビ糖）はほとんど知られていなかった。しかし1650年までには、イギリスの貴族や富裕層は日常的に砂糖を使い始めている。さらに1800年までには、砂糖はすべてのイギリス人の食事において必需品となっていた。イギリス国内の砂糖消費の歴史に、その意味づけの変化を重ねてみよう。すると、イギリスにおける砂糖の意味づけの変化は、①

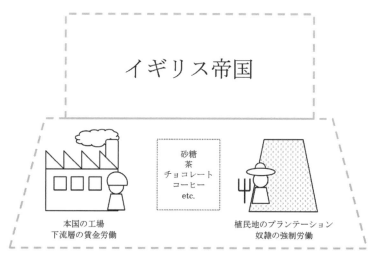

図2-26　砂糖が支えるイギリス帝国

1650年頃は珍しい舶来の貴重品、②1750年頃は奢侈品、③1850年頃は
必需品というかたちで3つの段階に整理することができる。砂糖は短
期間のうちに、富裕層の奢侈品から労働大衆の日用品へとそのイギリ
ス社会における意味づけを大きく変えた。

　こうしたイギリス国内の砂糖消費の意味づけの変化は、帝国主義お
よび資本主義の進展という背景に照らして理解することができる。イ
ギリスの帝国主義が植民地での砂糖生産を組織し、資本主義がイギリ
ス国内で砂糖消費を促進するという構図があることをミンツは明らか
にしている。イギリス帝国が砂糖に支えられている構図をイメージで
見てみよう（図2-26）。

　イギリスは17世紀初頭、カリブ海地域の植民地で砂糖生産を本格的
に開始する。ミンツによれば、その後19世紀中頃まで、イギリスは帝
国内で砂糖を自給する時代となる。砂糖は貴重品として医薬品、甘味
料、保存料、装飾品など多様な用途に用いられてきた。しかし大量生
産システムが構築されたことで、砂糖は日用品への意味づけを急速に
獲得していくこととなった。植民地のプランテーションおよび加工工

場で砂糖生産を支えたのが奴隷労働である。砂糖プランテーションの生産はきわめて工業的であり、大量生産を実現するために組織の合理化が追求された。農場でも工場でも労働者の規律遵守が徹底されていた。この点でプランテーションは初期の工業生産形態といえ、その成立は資本主義システムを進展させる重要な第一歩であったとミンツは述べている。

　ひとたび砂糖が労働大衆でも消費できるような商品になると、その需要をまかなうことはたんなる営利活動を超えて、愛国的な活動としての意味合いを帯びる。砂糖は、茶、コーヒー、チョコレートなど他のプランテーション商品と結びついて消費されることで、ますます重要性を増していった。とくに砂糖入り紅茶は下層の人びとの食生活の中で必需品化する。工業化の進展の中で、工場の賃金労働者として資本主義システムに組み込まれていったイギリス国内の労働大衆にとって、砂糖入り紅茶等のプランテーション商品は低コストの食糧代替品であった。砂糖は労働者階級のカロリー摂取量を増加させ、食事時間の短縮にも寄与した。イギリスの資本主義の進展において、砂糖は、労働生産性の向上と労働規律の確立とを食生活の面から支えるという重要な役割を果たしたのである。

第 3 部
経済行為の再編成

11

市場志向の拡大

11-1　経済活動の倫理

◆富裕の容認

　中世のカトリック教会はキリスト教の教義の体系化を推進した。教義の体系化はスコラ学という方法論のもとで、キリスト教神学の研究として精緻化されていく。スコラ学とはカトリック教会の教理強化を目的として、およそ11世紀から16世紀にかけて影響力を持った学問の方法論である。その基本的立場は、信仰と理性との調和である。端的にいえば、神すなわち信仰の対象を理性的思考に基づき理解することを目指したのがスコラ学である。スコラ派の神学は理性に基づく解釈を展開するにあたって、非キリスト教の知的伝統を広く活用する。とりわけギリシャやローマの古典哲学などを重視したことから、西洋世界の学問の総合化がスコラ学のもとで推進される。こうした学問の総合化の動きの中から、やがて大学という世俗の学問研究の拠点が成立していく。

　古代のキリスト教の生活倫理は清貧を奨励するものであった。しかし中世に入りしばらくすると西欧世界においても市場経済や貨幣経済が拡大してくる。さらにはキリスト教会自体が富裕な組織へと変容していく中で、古代キリスト教的な清貧の理想は説得力を失う。キリスト教会は現実と理想との整合を模索する中で、清貧に代わりリベラリティ（闊達、寛大）を新たな生活上の美徳として奨励していく。スコラ派の教義は貧者ではなく、富者の立場に、より多く配慮したものになっているとW. ゾンバルトは指摘している。

　リベラリティの概念は、中庸の道徳というアリストテレスにまで遡る伝統的な思想的系譜を引き継ぐものである。生活における中庸とは、富をやみくもに貯蓄することや支出することを避けるべきであるとする教えである（図3-1）。それは自己の境遇に見合った生活様式の継続を目指して、収入と支出のバランスに配慮しつつ適切な節約と支出とを奨励するものである。ここで注目すべきは、リベラリティの美徳がそれぞれの境遇に照らした相対的な基準として規定されている点であ

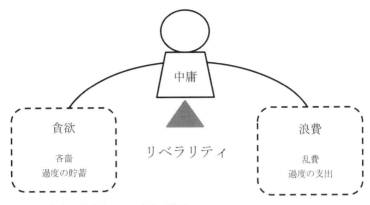

図 3-1　中庸の徳としてのリベラリティ

る。それはすなわち、富裕な人は富裕な境遇に見合った生活様式を実践することが宗教倫理として容認されたことを意味している。

　スコラ派の神学はリベラリティを奨励すると同時に、貪欲と浪費を悪徳として非難した。これらの行為や態度は吝嗇や乱費として中庸の生活を棄損するからである。スコラ派の神学の倫理基準の論拠となったのが富（財）に対する理解である。スコラ派の神学は、富を善それ自体ではなく、善をなすための手段であると見なす。富とは善への手段として役立つ限りにおいて善性を持つ。したがって富の所有やその多寡の善悪は、それを用いる人の目的に照らして判断されるべきとされた。

　富を良い目的のための使うことを善用という。富の善性はその善用において発揮される。スコラ派の神学は、人間の生活の維持のために富が使用されることを善用としている。各人およびその家族がその境遇に見合った健全な生活を維持するために富を使うこと、それが富の正しい用途である。一方で、健全な生活の維持に必要な範囲を超えて所有される富は余財と見なされる。余財を保有する人は富裕な人である。富裕な人には余財を正しく使用するという義務が伴う。貧者に対する慈善行為や社会事業への寄付などが富者の義務とされる。余財の

正しい使用という考え方がその根拠になっている。富者による慈善や寄付などの行為は結果として、生活の維持が困難な人びとのために余財が活用されることになるからである。このように余財を正しく支出することもリベラリティの実践の一環である。

　スコラ派の神学は確かに、一部の人びとがすでに富裕であるという現実は容認した。ただし、すべての人びとが富裕化すること、あるいはすべての人が富裕を目指して努力することの是非については意見が分かれていたとゾンバルトはいう。この点において、スコラ派の神学の枠組みは依然として、固定的な身分制秩序の観念に縛られていたといえる。

◆金融活動の容認

　交換において当事者双方は等しい利益を得るべきという考え方に基づく正義を交換的正義（または矯正的正義）という。交換的正義に基づいて交換（取引）される価格が公正価格である。中世に至るまでキリスト教の教義はこの交換的正義という視点から、不労所得や不正利得などの営利活動を非難してきた。これらの背後には貪欲という大きな悪徳があるとされたためである。金融の利子と商業の利潤とがとりわけ、そうした不労所得の典型であるとして非難の的となった。

　金融や商業などの営利活動はすべて、キリスト教の教義においてウスラを求める行為であると見なされた。ウスラとは利子の徴収に係わる言葉である。しかし、すべての利子の徴収がウスラと呼ばれるわけではない。本来は利を生むべきではない取引における利子の徴収ということがウスラの定義である。ウスラとはすなわち、交換的正義に反する利子の徴収や利得の獲得という意味である。このウスラの概念は金融業者（高利貸し）を非難する論拠としてしばしば持ち出されることとなる。

　金銭の貸借において利子を取ることはウスラに該当する。金銭はそれ自体としては何も生み出さない。にもかかわらず、たんなる時間の経過に伴い貸借関係から貸主が利子を徴収することは不労所得にすぎ

ないというのが当時のキリスト教の立場である。さらにキリスト教では時間は神の支配するカテゴリーに入る。そのため時間の隔たりを利用して不当な利益を得ることは神の時間を売り渡す行為としても許されないとされる。

　金融業者はウスラを求める職業としてとりわけ厳しく非難された。ウスラを生業とする金融業者は神の時間を盗む時間泥棒である。貪欲の大罪を犯したその魂は、死後に救済されることなく地獄に落ちる。こうした死後に関する観念は金融業者たち自身にとっても不安と恐怖の源泉であり続けた。

　金融活動をキリスト教の教義の枠組みの内に位置づけることを可能にした文化的仕組みが煉獄の概念である。金融業者の不安や恐怖を和らげると共に、貨幣経済の拡大という現実世界の要請とキリスト教の旧来的道徳とを整合させるために、煉獄が重要な役割を果たしたことをJ. ル・ゴフは論じている。煉獄とは、死後の世界の観念的な空間のことである。天国と地獄との間にある中間的な意味づけを持った空間が煉獄である。キリスト教の死後世界はもともと、天国と地獄の2つしかなかった。死者の魂は生前の行いに応じて、どちらに行くかが決まる。天国に行けるのは善人の魂だけである。ここで問題となるのが、善悪の基準に照らして中間的な人びとの行き先である。多くの人は、完全な善人ではないけれども完全な悪人というわけでもない。こうした中間的な人びとの魂はどちらに行くのか。この問題を解決したのが煉獄である。軽微な罪であれば、生前に罪を犯した人でも煉獄の試練を経て浄罪することにより天国に入ることができるとされた（図3-2）。

　煉獄の仕組みが確立されたことで多くの職業が事実上、容認されることとなった。とりわけ恩恵を受けたのが金融業者である。ウスラという貪欲の罪を犯した人でさえも、天国に入れる可能性が開かれたからである。その背景には貨幣経済の拡大があった。貨幣経済の拡大はキリスト教道徳に見直しを迫る圧力となった。その中で、金融活動の区分が精緻化されるようになる。金融活動は一律にウスラであるとは見なされなくなり、消費貸借としてのウスラと出資や投資としての非

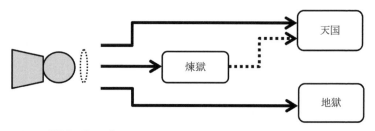

図 3-2　煉獄の位置づけ

ウスラとの区分が確立される。両者を線引きする基準は不労所得かどうかである。出資や投資は不労所得には当たらない。なぜならそれらの活動には、利益の不確実性およびリスクの負担といった勤労的要素が見出されるからである。こうした解釈の変化は、金銭の資本的利用としての金融活動がキリスト教の道徳において認められたことを意味する。金融活動の宗教的容認が後押しとなり、西洋世界では以後、企業家活動が活発化していくこととなる。

◆経済格差の是認

　宗教は一般に、「魂の救済」という目的へと至る手段として、各信者に禁欲主義を勧奨することが多い。禁欲主義とは、克己と敬虔を旨とする自己否定的な性格を持った生活の指針である。禁欲主義の方法は、世俗外禁欲と世俗内禁欲とに大別することができる。世俗外禁欲は、修道院など世俗から隔離された環境で、瞑想や法悦や無為などの実践を通じて様々な誘惑に打ち克つことを求める。一方、世俗内禁欲は世俗にあって自己の宗教的義務を果たすことが救済につながるとの考えから職業労働への精励を勧める。

　ウェーバーは、プロテスタンティズムの教義が世俗内禁欲という特殊な方法を採用していることに注目する。プロテスタンティズムの台頭は、西洋世界の労働観に大きな変化を引き起こした。世俗外禁欲の考え方において労働は労苦として忌避される。そのため世俗外禁欲の実践からは、勤労や営利などに対する規範性は生じない。他方で、世

俗内禁欲において、労働は天職として積極的に肯定される。宗教改革を主導したM. ルターは世俗の職業を神から与えられた使命すなわち天職と捉え、勤労を宗教的実践として奨励している。

　ウェーバーによれば、プロテスタンティズム諸派の中で、世俗内禁欲をとくに強く奨励したのがJ. カルヴァンが指導したカルヴィニズムである。カルヴィニズムの教義には救済予定説と人間の全的堕落という2つの特徴がある。救済予定説とは、魂の救済を得られる者と得られない者とは予め決まっているとする考え方である。救済予定説の厳しさは、魂が救済されるかどうかはこの世の行いとは無関係であるとしている点である。ある人の魂を救済するかどうかは神の決定事項であって、人間の努力や献身などでその運命を変えることはできないというのがカルヴィニズムの立場である。また人間の全的堕落とは、各人はアダムの原罪を背負うという意味で堕落しており、さらに個別的にも堕落しているとする考え方である。この教義も人間の救済は神の恩寵のみによることを強調している。

　カルヴィニズムにおいて各人の救済の運命は予め決まっている。しかし自分が救われているかどうかは実際に死んでみないと分からない。それは自己の魂の救済に関する不安が生涯を通じて続くことを意味する。その不安を少しでも和らげるために人びとは、救済の「しるし」を求めることに熱心になる。そのしるしを得るための手段が世俗内禁欲の実践、すなわち職業労働への精励である。勤労の結果、経済（金銭）的成功が得られるならば、その経済的成功はその人にとって救済のしるしとなる。ただしそれは、あくまで救済のしるしであって確証ではない。そのため人びとは、一生涯にわたって職業労働への精励を継続する。

　カルヴィニズムの宗教倫理に基づく勤労は経済的成功を追求するが、その目的は経済的富裕ではない。カルヴィニズムの信者は倫理的義務の遂行として営利活動に従事している。そのため、その結果として得られた経済的成功はさらなる救済のしるしを求めるために職業に投資される。それは、きわめて成就性の強い行為であるといえる。ここに

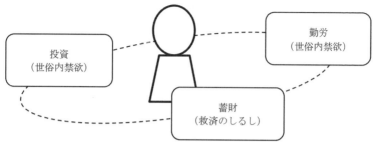

図 3-3　プロテスタンティズムの職業倫理

　勤労→蓄財→投資→勤労という無際限の営利活動の連環を可能にする
職業倫理が確立される（図3-3）。
　こうした営利活動の連環は何度も反復される中で経営の合理化を促
す。より多くの救済のしるしを継続的に得るためには経営を合理化す
る必要があるためである。経営の合理化は、効率性、誠実性、合法性
などの価値を人びとに志向させる。近代資本主義の精神は、当初の宗
教的実践としての意義が消滅し、合理的で公正な営利活動がビジネス
モデルとして制度化されるところに成立する。
　プロテスタント以前のキリスト教において営利活動は悪徳の1つで
あった。また貧富の格差は是正されるべきものであり、富者は自己の
余財を貧者や社会事業に施す義務があるとされた。プロテスタンティ
ズムの教義はそうしたキリスト教の従来の考え方を根本的に転換する
ものであった。勤労の結果として富裕になることは、プロテスタンティ
ズムの教義からすれば、その人の魂が救済されることのしるしであ
る。一方で、貧困は魂が救われないことのしるしである。神の恩寵の
しるしが富である。富の分配の不平等こそが神慮の表れであるとの解
釈が成立する余地が生まれる。経済格差はここにおいて、宗教倫理と
して是認されることとなる。

11-2　行為の有償性と無償性

◆シャドウワークと賃金労働

　社会の近代化が進む中で市場（貨幣）経済の役割が拡大してくる。それに伴い人びとの日々の生活様式にも大きな変化が生じることとなった。そうした大きな変化の1つが生産と消費の空間的分離である。生産と消費の空間的分離とは、職場と家庭の分離と言い換えることができる。近代化以前には多くの人びとが自宅の近隣で仕事をしていた。そのため生業と家庭生活とは密接につながっていた。例えば、農業であれ漁業であれ、その職場は自宅近くに広がる耕作地や漁場である。また職工にしても、その作業場は自宅に隣接していることが多かった。近隣の職場で家族と一緒に働くような生業の形態では、生産と消費が空間的に接合していた。こうした生業の形態が近代化の過程で大きく変容する。近代化に伴い、多くの人びとが賃金労働者となり、自宅から離れた職場に個人として通勤することになる。これが生産（職場）と消費（家庭）の空間的分離である。

　生産と消費の空間的分離は様々な問題を引き起こす。例えば、家族関係や近隣関係の希薄化、あるいは経済的な性役割の固定化などである。I. イリイチはシャドウワークという概念を用いてこの問題をまた別の角度から分析している。シャドウワークとは、活動（労働）を金額に換算する部門から締め出された領域において無償でなされる活動のことである。それは近代社会に固有の人間の活動である。

　市場経済の拡大は賃金労働の一般化をもたらす。そうした動向の裏面として同時に出現してくるのが貨幣化されない領域としてのシャドウワークである（図3-4）。その典型は主婦（夫）による家事労働である。市場経済の成立にとって、家事労働は賃金労働以上に不可欠な基本的装置であるとイリイチはいう。賃金労働者が家庭を離れて生産活動に従事するためには、それを消費生活の面で支える家事労働が必要となる。消費の空間から分離し、貨幣化された領域としての生産活動は、それを支えるための貨幣化されない補足的領域を必要とするというこ

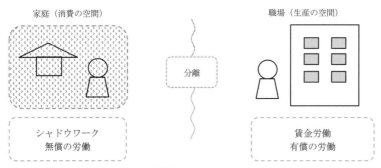

家庭（消費の空間）　　　　　　　　　職場（生産の空間）

分離

シャドウワーク
無償の労働

賃金労働
有償の労働

図 3-4　シャドウワークと賃金労働

とである。

　人間の活動に対して、それを有償と無償とに区分することで市場経済は生産と消費の空間の線引きを強化する。生産活動には対価としての貨幣が支払われ、消費活動には支払われない。そのため有償の行為としての生産の優位が確立する。市場経済を支えるという点では生産も消費もどちらも重要な活動であるにもかかわらず、金銭的対価の支払いの有無によって、その意味づけに優劣が発生する。その結果、賃金労働の正当化と家事労働の従属化の傾向が定着していくこととなる。

　シャドウワークの成立はある意味で、消費者の誕生を告げる画期であったといえる。家庭は生産から分離したことにより消費の空間になる。そうした中、賃金労働による生活の自立を規範化することで消費者は誕生する。市場経済において、家政の自立とは賢明な消費生活の実践という意味合いを持つ。家政を切り盛りするためには、家計の収支を踏まえて適切に支出を管理する能力が要請される。つまりシャドウワークには、家事労働に加えて消費の技術も含まれるということである。この賢明な消費の実践ももちろん無償である。

　賢明な消費者が自立した家庭の運営を可能にする。この消費生活に関する規範は、人びとに消費を強制するように作用する。健全な家庭とはできるだけ消費に特化した領域になることである。それは家庭が純粋な消費空間になることを意味している。イリイチは生産と消費の

空間的分離が受動的な消費生活を拡大させたことを指摘する。例えば今日、教育、医療、介護、交通などの専門サービスを家庭は購入しなければならない。なぜなら、こうしたサービスは健全な家庭を維持するために必要となるからである。家庭の役割は現在の賃金労働者の健康を維持し、未来の賃金労働者を育てることである。家庭が純粋な消費空間になればなるほど、一般化した賃金労働の仕組みは堅固になる。

　今日、時差出勤やテレワークの導入など通勤や就業の形態に大きな変化が生じている。人びとの働き方が大きく変わる中で、職場と家庭の分離を前提とする近代社会の仕組みも変容を余儀なくされるであろう。

◆利他的行為の変容

　市場とは有償の利他的行為の領域であるということができる。市場取引は当事者双方にとって利益がある。売り手も買い手も相手方の要求する対価を支払うことで自分の欲しい財を入手する。つまり市場取引は有償の利他的行為を当事者が相互に行うことで成立している。市場は簡便な取引の仕組みである。しかし市場は、人びとの相互行為を調整するための万能の制度ではない。そのため市場取引の特徴をよく理解し、市場に包摂すべき行為とすべきではない行為とを区別することが必要である。

　市場取引が有償の利他的行為であるとすれば、無償の利他的行為の領域は市場の外部に位置づけられる。いわゆる親切な行為や献身的な行為などがそれに当たる。この無償の利他的行為を市場に内部化することは可能であろうか。例えば、電車やバスの車内であなたが他の乗客に席を譲ったとする。そのときにあなたが対価を要求したとすれば、それは有償の利他的行為として市場取引となる。ではその対価をゼロ（円）にしたらどうか。たとえ有償の利他的行為であっても、対価がゼロの場合には、それは無償の利他的行為と同等の行為であろうか。そして、それは無償の利他的行為を市場に内部化したことになるのであろうか。

上記の問いは、行為の価格づけの問題として一般化できる。ある行為について、価格づけがそもそもない場合と価格づけされてはいるがそれがゼロである場合とで、当該行為に対する人びとの意味づけは異なるか。換言するならば、行為の無償性と対価ゼロの有償性とは行為の意味において同値と見なせるかということである。答えはもちろん否である。行為の無償性と有償性との区別はカテゴリカルなものであり、その区別を対価の高低という数量的な問題に置き換えることはできないからである。

　行為の有償性と無償性との区別がカテゴリカルなものであることを示唆する有名な実験結果がある。罰金の抑止効果に関するU. グニージーらの研究の実験結果である。グニージーらはイスラエルの10カ所の託児所において次のような実験を行った。託児所の営業時間は通常7：30-16：00である。子どもを預けた保護者は16：00までに迎えに来なければならない。しかし、どこの託児所にも営業時間内に迎えに来ない保護者がいる。すべての子どもが帰るまで託児所のスタッフは残業することになる。こうした背景においてグニージーらは、遅刻する保護者から罰金を取るという仕組みを導入することで保護者たちの行動の変化を観察することにした。実験期間は20週間である。最初の4週間は従来通りに営業してもらい、各託児所の遅刻者数を記録した。5週目に6つの施設で遅刻者に対する罰金制度を導入し、残りの4つの施設はこれまでと同じ営業をしてもらった。その後、17週目に罰金制度を撤廃して20週目で実験は終了した。実験結果は表3-1のようになった。

　罰を避けることがインセンティブとなって違反者（ここでは遅刻者）が減少する。これが罰の抑止効果の論理である。しかしながら、この実験では罰金制度の導入後に遅刻者数はむしろ増加してしまった。そこでは罰金が、遅刻に対する罰としてではなく、託児サービスの時間延長料金として保護者に認知されてしまった可能性があることをグニージーらは指摘している。金銭的な対価を支払えば遅刻してもよいと考える保護者が増えた結果、かえって遅刻者数が増えてしまったの

表 3-1　遅刻者数の推移

第1期間（1-4週目）罰金制度導入前	10の施設の間で遅刻者数に有意な差はなし
第2期間（5-16週目）6施設に罰金制度導入	罰金ありの6施設の遅刻者数が罰金なしの4施設と比べて有意に増加
第3期間（17-20週目）罰金制度撤廃	罰金ありの6施設では、罰金制度撤廃後も遅刻者数の減少はなし

かもしれない。

　罰金は人びとに義務を意識させる支払いのカテゴリーである。それに対して、料金は権利を意識させる支払いのカテゴリーである。罰金制度の導入以前、託児所のスタッフの残業は無償の利他的行為として保護者に認知されていた。そのため遅刻した保護者には罪悪感が伴っていたはずである。しかし罰金が延長料金として認知された段階で、残業は有償の利他的行為に転換されてしまった。料金の支払いが遅刻を正当化し、保護者から罪悪感を消したのである。実験ではさらに、罰金制度の撤廃後も遅刻者数は減少しなかった。この結果は、いったん市場取引のカテゴリーに位置づけられた無償の利他的行為は、有償の利他的行為として見なされやすくなることを意味している。再度、無償の利他的行為に戻ったとしても、対価ゼロの有償の利他的行為として認知されやすくなるのである。

◆遊戯の仕事化

　遊戯（遊び）とは、一定の規則と明確に定められた時間と空間の範囲内において行われる自発的な行為の領域である。R. カイヨワは競争、偶然、模擬、眩暈という4つの遊戯の類型を指摘している。スポーツ競技、ギャンブル、演劇、スリルライド（絶叫マシン）などがそれぞれの典型例である。

　遊戯の定義づけとしてはJ. ホイジンガやカイヨワのものが有名である。それらによると、遊戯に係わる行為の特徴として、①自発性（自

由）、②規則の遵守、③完結性・限定性・反復性、④非日常性（虚構性）、⑤不確定性（緊張）、⑥非生産性などの要素を挙げることができる。こうした特徴のために、遊戯は成就的行為の側面を強く持つ。

　遊戯とはまず、自由で自発的な行為でなければならない。強制された遊戯ほどつまらないものはないであろう。そこには楽しさも真剣さも伴わない。それだけではなく、そもそも強制的行為という側面において、そこには日常の利害関係や権力構造などの介入があるため、非日常性という遊戯の要素も棄損している。遊戯の遂行には、一定の規則が必要である。遊戯はそうした規則のもとで、明確に定められた時間と空間の範囲内で行われる。スポーツにしろ、ボードゲームにしろ、ギャンブルにしろ、参加者全員が自発的に規則に従うことで遊戯は成立する。規則を破ることは遊戯の中止を意味する。それは人びとの興ざめを誘発させ、意識を遊戯の領域から日常生活の領域へと引き戻す振舞いとなる。遊戯の第一義の目的は遊戯それ自体の遂行である。もちろんゲームであれば、相手に勝つという目的がそこに付随する。しかし個々の勝敗よりも重要なことは、ゲームの規則に従い、相手を尊重し、互いに全力を尽くして目の前の勝負に没入することである。それは登山やダンスや演劇など、明確な対戦相手を欠くような遊戯においても同様である。理想とする様式や到達点などを思い描いて、その完成や遂行のために全力を尽くして目の前の試行に没入する点ではそれらも同じといえるからである。さらに、何度も同じ試行を反復できることが遊戯の特徴である。遊戯は限定された様式性と規則を備えているため、一度きりの試行で終わりになるわけではない。試行である以上、遊戯にはつねに不確定性が伴う。ゲームの勝敗はやってみなければ分からないであろうし、演技やスリルへの挑戦の結果も実行されるまではどれだけ上手くできるかは不確定である。遊戯は生命の維持という目的から離れた非日常の行為の領域である。遊戯は生活のための手段ではない。そのため人びとは、日常の利害関係や権力構造とは無関係に、自発的に遊戯に参加することができる。遊戯をしている間、日常生活における規則や慣習や権力などはいっさいの効力を失う。遊

戯は日常の利害関係の範囲外に位置する活動のため、そこでの勝ち負けや財産の移動からは新たな富は生まれない。遊戯の中で費やされる時間や労力や資源などは、日常生活に役立つ何かを生産することはない。その意味でそれは非生産的である。

　遊戯の対概念は真面目である。ただし、ここで遊戯に対置されている要素は、何かに真剣に全力で取り組むということではない。人びとは遊戯にも真剣に全力で取り組むからである。ここでの真面目とは、実用的または実利的な行為ということである。真面目な行為の目的は、生命の維持や生活の向上である。すべての行為をこの目的に対する手段としての有用性という視点から考慮することが真面目という意味である。

　今日、遊戯の仕事化が進行している。例えば、スポーツ競技や芸能の職業化である。遊戯の仕事化が進むと、規則の細分化や試行の組織化などが生じる。その過程で、遊戯に熟達した人びとの一団が生活のための手段としてその技術を誇示する状況が成立する。遊戯の熟達者はプロ選手として活躍したり、インターネットで動画を配信したりするなどしてパフォーマンスを商品化していく。一方、多くの企業はスポンサーとして遊戯を支援することでその遊戯の商業化も進んでいく。

　本来、遊戯は、日常の利害関係や生活の維持とは無関係な領域で行われるがゆえに、行為の様式性に対するこだわりや美意識を涵養する機会として機能する。遊戯の領域では行為の結果よりもその過程が重視されるため、技術的な完成度や美的な到達度などの向上が目指されるからである。遊戯の領域はまた、規則の遵守、儀礼や芸術の尊重、他者との平等などに対する人びとの志向性を高めることにも寄与する。しかし今日、遊戯の仕事化が進むことで、遊戯の領域にも行為の実用性や実利性を追求する傾向が台頭してきている。

12

アノミーと欠乏

12-1　アノミーの中の経済行為

◆経済発展とアノミー的自殺

　デュルケムは文明が自殺を増加させると主張する。とくに文明が高度に発達し、急速な経済発展を伴う近代社会において、近代社会に固有の自殺類型であるアノミー的自殺が増加すると論じる。なぜ文明が自殺を増加させるのか。デュルケムによる自殺の諸類型を整理しつつ、文明と自殺との関連について確認していこう。

　デュルケムは自殺の社会的要因を個人と社会とのアンバランスの問題として定式化する。個人と社会とのアンバランスとは、個人的な意向の強さと社会的な統制力の強さとのバランスが崩れることを意味する。文明の進展は様々なかたちで個人と社会とのバランスを崩すことで自殺を誘発する。自殺の類型の違いは、このアンバランスがどのように生じるかの違いに基づく。

　デュルケムは自殺を、①自己本位的自殺、②集団本位的自殺、③アノミー的自殺の3つに類型化している。自殺の3類型をイメージ化して比較してみよう（図3-5）。図中で、白抜き部分は個人の力を、網かけ部分は社会の力を表している。また、実線はその力の作用が強いことを、破線は弱いことを表している。

　自己本位的自殺とは、強い個人と強い社会との間でアンバランスが生じることで誘発される自殺である。個人主義が強くなりすぎる反面、道徳規範というかたちで個人に対する社会的圧力も強いという状況が想定されている。そうした状況に置かれた個人は自己の主張や目標がことごとく周囲から否認されるため、生の無根拠化に苦しむことで自殺を誘発するとされる。

　集団本位的自殺とは、弱い個人と強い社会との間でのアンバランスにより誘発される自殺である。個人主義が過度に未発達のため、社会から過重な統制圧力がかかることで自殺が誘発される。殉死や集団責任などの論理で自殺が生じるような状況、あるいは、村八分や世間の目など規範から逸脱した個人に対する社会的制裁が強いために自殺が

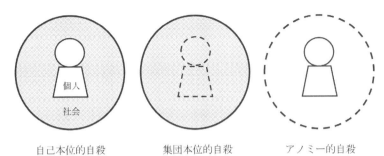

| 自己本位的自殺 | 集団本位的自殺 | アノミー的自殺 |

図 3-5　自殺の 3 類型

生じるような状況が想定されている。

　アノミー的自殺とは、強い個人と弱い社会との間のアンバランスにより誘発される自殺である。デュルケムのいうアノミーとは、道徳規範を欠いた社会的な無規制状態のことである。アノミーの状況とは自己に対する周囲の人びとの無関心が支配的な生活環境であるともいえる。極端にいえば、何をしても誰にも叱られない反面、何をしても誰からも相手にされないというような境遇に置かれることがアノミーである。個人主義が発達している点では自己本位的自殺と同じであるが、アノミーの状況においては、社会的な統制が働かないため、社会的評価の基準や公共心の発揮が無意味なものとなりがちで、自己の情念や欲望が暴走してしまう結果として自殺が誘発される。

　近代社会では文明が発達した結果、分業が進展した市場経済が実現され、またそれに伴い都市という生活空間が成立している。分業の進展と都市空間の成立は個人主義の醸成と道徳規範の希薄化（他者に対する無関心）を同時に推進する。その結果、社会的凝集力の弛緩を招くこととなる。これがアノミー的自殺を生み出す背景を形成する。

　そうした近代社会の中で人びとは、市場経済の景気変動がもたらす生活環境の急激な変化にさらされることとなった。景気の下降局面で自殺が増加することは直観的に理解できる。不景気のあおりで失業や倒産などを経験した人びとが生活に困窮して自殺するという図式である。しかしデュルケムは景気の上昇局面においても自殺が増加するこ

とを明らかにした。景気変動がもたらす自殺には経済的困窮以外の社会的要因も作用している。それがアノミーである。不景気であれ、好景気であれ、道徳規範が弛緩している状態で境遇に急激な変化が生じれば、人びとはアノミーに陥る。とくに好景気にあっては、欲望の無際限な拡大に歯止めがかからず、恒常的な不満足状態に置かれることとなる。周囲からの無関心と恒常的な不満足という個人的な状態がアノミー的自殺を誘発するのである。

◆自由主義経済と文化的真空

　経済活動の自由および市場メカニズムの拡大がよりよい社会の実現につながる。こうした考え方を政治的理念として推し進める立場をポラニーは経済的自由主義と呼ぶ。経済的自由主義の根底には、市場メカニズムを自己調整的なシステムとして捉える認識がある。市場が自己調整的であるとは、人間も含めたあらゆる事物が市場価格という尺度において評価されることで、経済活動の全体が市場メカニズムのみによって統制可能になることを意味している。

　自己調整的市場という理念を現実の社会へ適用しようとする試みが近代社会に大きな困難をもたらしたとポラニーはいう。社会の近代化の歴史とは、経済的自由主義の推進とそれに対抗するための市場への介入の動きという2つの作用の軋轢の過程として理解することができる。ポラニーは『大転換』の中で、この軋轢のことを二重運動と名づけて西欧社会の近代化を論じている。それは、相互依存的で自給自足志向の共同体の論理と競合的で自己利害志向の市場の論理との衝突と言い換えることができる。二重運動の出現は、経済と社会の関係性をめぐって、経済的自由主義と社会の自己防衛という2つの異なる社会組織原理の拮抗が作動し始めたという意味において、人類史上の1つの画期である。経済的自由主義の論理は社会を市場経済の中に埋め込もうとする。反対に、社会の自己防衛の論理は経済を社会的諸関係の中に埋め込もうとする。経済的自由主義とは、経済が社会に埋め込まれていたこれまでの関係性を転倒しようとするユートピア的な試みで

あるというのがポラニーの考えである。

　自己調整的市場の論理を実際に貫徹しようとするとき、人びとの生活基盤は破壊されてしまう。商品擬制という論理が生活を全般的に支配するようになるためである。商品擬制とは、本来は商品でないものが商品化されることとして定義される。それは販売目的で生産されたものではない社会的要素を市場メカニズムに包摂するために必要とされる論理である。

　商品擬制の論理によって商品化された社会的要素は擬制商品と呼ばれる。ポラニーは擬制商品の例として、労働、土地、貨幣の3つを挙げる。労働とは人間活動の別名であり、土地と貨幣とはそれぞれ、自然と購買力の別名である。これらの事物は販売されることを目的に存在しているものではない。そうした事物が労働市場、土地市場、貨幣市場として組織化され、自己調整的市場に組み込まれる。商品擬制の作用は、事物の一側面だけを切り取って、その他の社会的諸関係から分離可能な要素として取り扱おうとする。

　労働を例にして商品擬制の危険性を見てみよう。人間活動から労働という側面のみを分離して取り扱うことができる。これが自由な労働市場が成り立つための条件である。完全に自由な労働市場では、完全な労働の流動性と賃金の伸縮性が機能している。それが労働契約の自由ということの意味である。自由な労働市場では、人びとは労働的価値のみによって評価されることとなり、その生活はつねに雇用に関する不安にさらされ続けることとなる。

　商品擬制の作用は人間存在の多元性を形作っている文化的な生活基盤から個人を引き離す。その帰結として生活全般が市場メカニズムに従属させられてしまう。貧困などの経済的困窮が人びとの生活基盤を破壊する要因となり得ることは確かである。しかし経済的困窮はその直接的な要因ではない。生活基盤を破壊する真の原因は文化的制度に対する致命傷であるとポラニーはいう。文化的制度はたんに物質的な生活基盤を与えるだけではなく、人びとを社会的な存在として有意味な人間関係や象徴体系の中に位置づける役割も果たしている。文化的

制度とは、いわば人びとを外的衝撃から守る保護膜である。こうした文化的な保護膜が致命傷を被るときに生活基盤は不可逆的に崩壊する。文化的な保護膜を失った人間は社会の中での位置づけ、すなわち存在の意味づけを見失う結果として、自尊心と規範とを喪失するとポラニーは述べている。

　生活基盤が崩壊した状態をポラニーは文化的真空と呼ぶ。文化的真空において、人びとは物質的基盤を喪失する。物質的基盤とは人びとが持続的に生活するための基盤である。それに加えて人びとは、文化的基盤も喪失する。文化的基盤は各人の目標や努力や責任を構成する基盤である。その喪失は道徳など社会規範の堕落を招く。そして文化的真空は最終的に、生きがいの喪失をもたらすことで、人びとの自尊心を棄損してしまう。真の意味での社会的困難は文化的なものであることをポラニーは繰り返し強調している。経済的自由主義に由来する最大の問題は文化的真空である。自己調整的市場の拡大は、人間の生活基盤を市場の論理に従属させる結果を招き、地域社会そのものを文化的次元で崩壊させる危険性を持つ。

◆手段と目的の不統合

　それぞれの社会には、文化的に望ましいとされ、多くの成員に成功目標として是認されている共通の目的が存在する。そうした文化的目標は地位や名誉や富裕など、何らかの社会的資源の獲得に係わる競合性のある目的である。他方、そうした目的を達成するための手段に関しても、各社会の中で多くの成員によって文化的に正当と見なされ社会的に是認される共通の様式が制度として設定されている。手段と目的との連結は文化的価値と制度的配置によって制約されており、ある程度の範囲内においてしか手段選択の余地はない。こうした手段と目的の双方に対する留意や配慮の志向が欠落し、目的の実現のみが打算的に強調されすぎるようになることがアノミーを生み出す。このように述べてアノミーの概念を手段-目的関係との関連において再検討したのがR. マートンである。

図 3-6　文化的価値に対する個人的適応の類型

　先に見たように、アノミーとは道徳規範を欠いた社会的な無規制状態のことである。マートンは、文化的目標と制度的手段との不統合としてアノミーを定義する。それは諸個人の行為動機という観点から見るとき、手段-目的関係の思考様式において、手段と目的との間の規範的な連結が不安定化していることを意味する。規範的な連結とは、道徳的な正当性や情緒的な是認などの支持に基づく結合関係のことである。手段と目的との間の規範的な連結が恒常的に不安定となるとき、アノミーが生じる。マートンは手段と目的との不統合を、ゲームに勝つことだけを重視しすぎてゲームのルールに則ることを疎かにしている状態にたとえている。こうした手段と目的の不統合な状態をポラニーにならって文化的真空と呼ぶことも可能であろう。

　手段と目的の不統合というアノミー的状況が常態化している社会に諸個人はどのように適応するのか。目的や手段を規定する文化的価値に対する個人の適応の問題である。マートンは諸個人の適応の様式を、①同調、②革新、③儀礼主義、④逃避主義、⑤反抗という5つの類型に整理している。マートンによる5つの類型の関係性をイメージ化して整理してみよう（図3-6）。同調とは、文化的目標と制度的手段の両者を自己の動機づけの中で承認する態度である。同調としての適応類型を多くの人びとが示す社会の秩序は安定的である。なぜならそれは、多くの人びとが当該社会の文化的価値を望ましいものとして受け入れ

ている状態にあることを意味するからである。革新とは、文化的目標は承認しているが、制度的手段については否認する態度である。こうした態度は、目的追求の望ましさには過度に同調する反面、そのための手段に対する規範的な望ましさには頓着しないことから生まれる。儀礼主義とは、文化的目標の追求を否認しつつも、制度的手段の規範は承認する態度である。こうした態度は、文化的目標の追求に付随する繁忙や挫折などのリスクを回避しようとすることで生じるため、現行のルールを慣習的に遵守するような行動として表れる。逃避主義とは、文化的目標と制度的手段の両方を否認する態度である。こうした態度の人びとは、文化的価値を共有しない異邦人的存在である。孤独という代償を払うことと引き換えに、競争や挫折などのストレスからは逃れている人びとを指している。最後に、反抗とは、既存の目的および手段を放棄して、新しい価値体系の構築や実現に積極的に関与しようとする態度である。

　貨幣経済および都市生活の拡大ということが現代社会において人びとの属性に関する匿名性を高めている。貨幣は富を示す匿名性の高いシンボルである。また都市は人間関係の匿名性を高める空間である。人びとの属性に関する匿名性の高まりはアノミーの常態化をよりいっそう助長する。富裕が文化的に望ましいものとされ、貨幣の獲得がその目的として設定されるとき、それをどのように獲得したかという手段への関心は希薄化する。貨幣自体が高い匿名性を有するとともに、それに加えて、都市生活における人間関係の匿名性が貨幣獲得の方法に関する人びとの相互的な無関心を高めるためである。

12-2 欠乏の中の経済行為

◆自然の制約と人口の抑制

　人間社会は自然による制約を受ける。例えば、その制約を超えて人間社会は人口を増やすことはできない。この意味において、自然は人間に対して吝嗇である。この吝嗇な自然という見方は、様々な環境問題や社会の持続可能性が大きな課題となっている今日において、多くの人が受け入れることのできる自然観であろう。

　かつては豊饒な自然という見方が強かった。科学革命や産業革命を経て、人間性や人間社会は無限に発展することができるとの進歩史観が18世紀の啓蒙の価値観として普及したからである。進歩史観は、人間の要求にどこまでも気前よく応じてくれる自然の豊饒性という条件を自明の前提とすることではじめて成立する歴史観である。

　自然観が豊饒から吝嗇へと大きく転換する画期は19世紀である。19世紀を通じて多くの人びとは、自然の制約という問題を深刻に受け止めるようになる。とくにT. マルサスの『人口論』の出版が吝嗇な自然というイメージを決定づけることとなった。

　『人口論』は人口の問題が社会の発展を制約する大きな要因であることを簡潔なモデルを用いて明らかにしている。それがマルサスの人口原理（人口法則）である。人口原理は人間に関する2つの公準から導かれる諸命題である。2つの公準とは、①食糧は人間の生存に必要不可欠であること、②両性間の情念は必然でほぼ現状を維持すること、というものである。これらはすなわち、人間存在に伴う根本的な2つの欲求のことである。①は食欲であり、②は性欲である。食欲は個体の維持に不可欠の要因であり、性欲は種の維持に不可欠の要因であると言い換えることもできる。マルサスは、人間社会の維持に最低限必要な条件のみを公準と見なして、そこから人口の法則を導こうとしていることが分かる。

　2つの公準を受け入れるならば、次の3つの命題が人口原理として結論される。①人口は生存手段なしには増加しえない、②人口は生存手

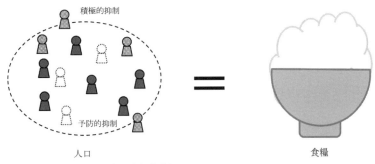

積極的抑制

予防的抑制

人口

食糧

図3-7　積極的抑制と予防的抑制

段が得られれば必ず増加する、③生存手段の増加を上回る速度で増加
しようとする人口の優勢な力が妨げられるとき、必ず悲惨もしく悪徳
が生み出される。これらの命題から、『人口論』が過剰人口の問題を
指摘していることが分かる。過剰人口がなぜ生じるのか。それは食糧
と人間との間に増加速度の違いがあるためである。食糧は等差数列的
に増加するのに対して、人間（人口）は等比数列的に増加するとマル
サスは述べている。人間は食糧生産の限界という自然の制約を超えて
増加することはできない。人口原理はこの厳然たる事実を簡潔に説明
するものである。

　命題③の含意がとくに重要である。食糧（一般的には自然資源）に比
して人口が過剰な場合は、過剰な状態が解消するまで人口の増加は抑
制される。抑制の作用が働く際に諸々の悲惨や悪徳が必然的に伴うこ
とになる。人口の増加が抑制される方法は2つに大別される。マルサ
スはそれぞれの方法を積極的抑制と予防的抑制と呼ぶ（図3-7）。積極
的抑制とは、顕在化している人口の過剰に対する実際的な抑制である。
具体的には飢饉、戦争、疫病、貧困などを指している。人口が制約に
見合った適正規模になるまで、これらの悲惨や悪徳は繰り返し生じる
ことで人口を積極的に抑制する役割を果たす。一方、予防的抑制とは、
潜在的な人口の過剰に対する未然の抑制である。具体的には堕胎、間
引き、避妊、売春、都市生活などを指している。予防的抑制とは文字

通り、実際に人口が増える前にその可能性を摘むかたちで作用する。予防的抑制もまた悲惨や悪徳を多く生み出しつつ、人口を適正規模に保つ役割を担う。ところで、悲惨や悪徳を伴わない抑制の手段はないのだろうか。マルサスは『人口論』を改版する中で、晩婚化や非婚化という新たな抑制の方法に言及している。これらを道徳的抑制と呼ぶことで、人口原理の作動に由来する社会的帰結をより穏当なものにできる可能性を示唆している。

◆自然災害と手段-目的関係の再組織化

　自然災害は急激な環境変化に伴う悪影響を社会にもたらす外的要因である。ひとたび自然災害に見舞われると社会は甚大な被害を受ける。被災などの急激な環境変化の衝撃は社会を大きく変動させていく契機となる。

　急激な環境変化がもたらす悪影響はときに食糧等の生活物資の欠乏として現れる。こうした欠乏の状況において、平常時の手段-目的関係はどのように変化するのか。いつも通りの手段-目的関係を実行できない状況が突如として生じたときに、人びとはどのように対処していくのか。ファースはこのような問いを立て、外的要因によって引き起こされる社会変動の過程をティコピア島の事例を通じて分析している。

　ティコピア島はソロモン諸島に属する南太平洋の小島である。他の島々から離れた位置にある小島という地理的条件の結果、外部社会からの影響をあまり受けない比較的隔離された社会が継続してきたことが特徴的な地域である。外部から隔離されたこのティコピア島は1952-53年にかけて、2つのハリケーンと干ばつという大きな自然災害を連続的に経験することとなった。その被災の影響でティコピア島では塩風害のために深刻な食糧不足という危機的状況が長く続くこととなった。

　ファースは構造と組織化の概念を用いて、食物に対する人びとの関心や扱い方の変化を分析している。食物をめぐる平常時の行為連関に

表 3-2　食糧事情の見通しと農作物窃盗禁止規範の厳緩

食糧事情の見通し	良好（正常）	短期的に悪化	長期的に悪化
規範の厳緩	厳格	緩和	厳格

は多元的な人間関係や意味づけが含まれている。例えば、家庭の食事、客人のもてなし、礼節、宗教儀礼などの場面における食物の適切な扱いは多くの人びとの関心事である。平常時であれば、食物の扱いに限らず、様々なものごとのやり方はおおむね定式化されている。定式化されているからこそ、反復可能なかたちで持続的に資源や人間関係を利用することが可能になる。そうした資源や人間関係の利用のための配置や手順などは組織化されて人びとに共有されている。それゆえ人びとは平常時であれば、いつも通りのやり方で食物を扱うことで、社会構造からの規範的要請を円滑に実行することができる。

　平常時には定式化されている食物との多元的な係わりは非常時にはどうなるのか。非常時の再組織化の過程に影響を与える大きな要因の1つは、非常の期間がどれだけ続くかについての人びとの見通しである。人びとは復旧までの時間を計算しつつ、平常時の手段-目的関係の実行を最大限可能にするような配置に資源や人間関係を再組織化する。通常と同じやり方で実行はできないため、手段の数量調整あるいは手順や所要時間の短縮、省略などの工夫を通じて、新しいやり方で目的の達成を目指す。

　食糧不足の期間、ティコピア島では葬式や結婚式などの儀礼に用いる食物は、儀式に占める重要性にかんがみて数量が減らされたり、手順が省略されたりするなどの調整が行われた。他人の農園からの窃盗行為に対する見方にも将来の見通しが影響を与える（表3-2）。平常時に窃盗行為をすることは道徳的に許されていない。しかし食糧不足がそれほど深刻でなかったときには、窃盗行為は困窮時の必要悪として黙認されることがあった。ただし欠乏状態がさらに深刻化し、食糧事情の回復までの期間が長引くことが確実になると、窃盗行為は再び強

く非難され厳しい取り締まりの対象となった。窃盗行為が再び強く非難されることになったのは、道徳的というよりも食糧事情の見通しに悪影響を与えるという打算的な理由からである。農作物が十分に生育する前に窃盗犯によって収穫されてしまうと、社会全体の食糧事情の見通しはいっそう悪化する。そのため窃盗行為は再び非難および取り締まりの対象へと変わったのである。

平常時の食物との係わりは非常時においても比較的持続することをファースはティコピア島の事例を通じて実証した。この事実は、非常時においても社会構造が規範力を維持し続けることを示唆している。別言すれば、社会構造が定めた規範的な目的を変えるよりも、まずはその実現のための手段の変更のほうが先に行われるということである。食糧不足の状況にあっても、食物をめぐる人びとの関心や懸念が単純に生存レベルに集約してしまうわけではなく、多元的な係わりは保たれる。ただし欠乏という非常時には、いつもと同じやり方をするだけの十分な食物がないため、限られた手段の範囲で規範的要請を維持することができる新しいやり方が模索される。急激な環境変化に伴い、社会構造の規範的要請は保持されたまま、その実行のための諸手段が再組織化されるというかたちの社会変動が生じる傾向があることをファースの研究は明らかにしている。

◆慢性的飢餓への適応

文化的真空にある人びとは生活の物質的基盤と文化的基盤とを喪失し、社会規範に対する意識も希薄になる。ポラニーが自由主義経済の将来に警鐘を鳴らす意図をもって、人間社会のある種の極限状態を文化的真空として表現したことは先に述べた。ポラニーの場合、文化的真空とはあくまで自由主義経済の危険性を強調するためのディストピアであった。

しかしディストピアではなく、文化的真空に酷似した環境を現実として生きる人びとがいる。それは自由主義経済の帰結としての文化的真空ではない。それでもなお文化的真空と呼べるような極限状態の生

活環境が地球上に存在する。C. ターンブルの『ブリンジ・ヌガク』は、そうした極限状態に生きるイク（テソウ）族の生活を描いた著作である。

イク族はもともと、アフリカのウガンダ、ケニア、スーダンの国境地帯をいくつもの集団に分かれて広く移動しながら生活する狩猟民であった。第2次大戦前頃にウガンダの山岳地帯に定住を奨励されるようになったことで、それまでの生活環境が一変する。イク族の定住化の背景にはいくつかの要因がある。中でも、各国の独立運動に伴い国境が重視されたこと、およびそれまで主要な狩猟地であったキデポ渓谷が自然資源の保護のもとで国立公園に指定されたことなどが大きな要因である。ターンブルが現地を訪れたときには、主要な狩猟地から閉め出されたため、イク族の人びとは農業を行うようになっていた。

定住後のイク族の生活環境における最大の特徴は慢性的な食糧不足である。この慢性的な食糧不足という生活基盤の崩壊に対して、イク族の人びとはなんとか適応しながら生き残ってきた。そのためイク族はみな食物への執着が異常に強い。ほぼすべての行動原理の基礎に食物があり、さらに正邪、善悪の判断基準の基礎にも食物がある。ターンブルによれば、イク族において善い人間とは「腹いっぱい食べている人」のことをいう。他人に食物を与えてくれる人が善い人ではないのである。

イク族特有の慣行や思考の例を2つ見ていこう。1つは死者への無関心であり、もう1つは家族愛の欠如である。他の人間社会から見れば特異に映るこれらの慣行や思考は、慢性的飢餓という過酷な極限状態への適応の結果である。それは文化的真空に適応した生活様式であるということができる。

イク族の集落で参与観察を続けていたターンブルはある晩、嘆き悲しむような泣き声を聞く。それは自分の子どもを亡くした母親の泣き声であった。この状況を見れば、母親が子どもの死を悼んで泣いていると考えるのがふつうの感覚であろう。ところが彼女が泣いている理由はそうではない。彼女が泣いていた理由は、あまりひどく殴られた

ためと、そのうえ穴掘りまでやらされたためだった。彼女の夫が子ども
の遺体を夜の間に早く埋葬しようといったときに彼女は反対した。
すると夫は彼女を殴りつけた。これが事の経緯である。なぜ遺体を早
く埋葬しなければならないのか。それは子どもの死が周囲に知られる
と、葬式を出さなければならないからである。葬式に来た親類縁者に
はご馳走を振舞わなければならない。死んだ子どもにはそこまでして
あげる値打ちはないというのが夫の考えであった。慢性的飢餓の状況
において葬式を出すことは贅沢以外の何ものでもない。イク族の集落
では人が死ぬとみなが集まってきて、死者が身に着けている品々を根
こそぎ取り去っていく。その場で死者を悼む人は1人もいない。自分
たちが生き残るのに精一杯の環境において、死者への同情は余分なも
のである。

　イク族では、子どもは3歳になると自立できると見なされ家から出
されてしまう。母親はそれまでもしぶしぶ子どもの面倒を見るにすぎ
ない。母親は畑仕事をするとき、子どもを地面におろすとほったらか
しにして仕事に取りかかる。いっそ豹か何かが子どもをさらっていっ
てくれればいいという気持ちでいる。ターンブルが集落に滞在中に実
際そうした事件が1度起きたことがあった。そのとき子どもをさらわ
れた母親は喜んでいたという。子どもの面倒から解放されたことに加
えて、子どもを食べた満腹の豹（かっこうの狩りの獲物）が近くにいる
という事実が彼女を喜ばせた理由であった。男たちはすぐに狩りに出
発し、豹を見つけた。男たちは豹を殺して料理し、腹中の子どもも全
部一緒に食べてしまったという。

　イク族の子どもと老人は家庭でも集落でも厄介者扱いされる。つね
に食糧が乏しい環境を生き抜いていかなければならない集団において、
子どもと老人は重荷でありリスクである。年長者に対する敬意や子ど
もに対する愛情は、文化的真空では無用の長物である。

13

消費の格差

13-1　差異の顕示

◆奢侈と資本主義

　資本主義システムの発達にとって、大衆市場の形成は重要である。大量生産された財はその捌け口として大口の販路を必要とするからである。大衆の消費需要は大口の販路として資本主義システムを消費面から支える役割を果たす。しかし近代の資本主義システムが形成され始めた中世末期において、そのような大衆市場はまだ発達していなかった。未発達な大衆市場の代わりに、初期の資本主義システムの発達を消費面から後押しした要因とは何か。これがゾンバルトの立てた問いである。

　植民地の獲得に伴い、開拓した植民地市場が初期の資本主義システムの発達を後押しした要因である。ゾンバルトは従来の通説をこう要約する。そのうえで、植民地市場という西欧地域の外側ではなく、西欧地域内部の奢侈品市場こそが初期の資本主義システムを消費面から下支えした要因であるとの仮説を主張する。

　奢侈の根本は感覚的な喜びを楽しむことである。さらに感覚の刺激を繊細にして、喜びを増加させたいという欲望の背景には性的衝動がある。ゾンバルトはこう断定することで、奢侈と性愛との結びつきを強調する。ゾンバルトによれば、西洋世界において中世から近代にかけて奢侈の中心となったのは宮廷社会である。宮廷を中心とする上流社会の文化が奢侈としての消費文化の趨勢を形作った。とりわけ奢侈の消費文化に強い影響を与えた要因が女性である。上流層の女性の趣味あるいは女性をめぐる社交や恋愛などの様式の影響が宮廷を中心とする奢侈の消費文化の流行を形成した。ゾンバルトは、上流層の女性を中心に展開された奢侈の変遷を愛妾経済と呼ぶ。愛妾経済とは、上流層の女性（愛妾）が社交関係を通じて社会的に大きな影響力を持つような仕組みのことである。17-18世紀の啓蒙期に盛んになったサロン文化も愛妾経済の一種であるとゾンバルトは述べている。サロンを主催する女性主人の多くは王族や貴族の夫人や愛妾であった。貴族趣

味と社交恋愛が愛妾経済の特徴である。この愛妾経済が奢侈の消費文化を牽引する。

　ゾンバルトは、①屋内化、②即物化、③感性化・繊細化、④圧縮化という奢侈の消費文化の変遷に関する傾向性を指摘する。屋内化とは、公共的、祝祭的な性格の強い従来の様式から個人的、室内的な様式に奢侈的消費が変化することである。中世までの奢侈は馬上槍試合、戸外の催し物、定期市、野外の宴会など年中行事としての意味合いが強かった。それが家庭的なものに変わっていく傾向が見られる。即物化とは、奢侈的消費の対象がサービスから物財へと変化することである。祝祭的な奢侈では大勢の従者や招待客など、奢侈に動員される人手の多さがその盛大さの基準であった。他方、近代の奢侈は多くの物財を消費する様式に変化していく。感性化・繊細化とは、理性的で不易なものを求める趣味から、感覚的で移り気なものを求める趣味へと変化することである。この変化は流行の変化や技巧の高度化などを促進する要因となる。圧縮化とは、消費の時間的側面に係わる変化である。季節的、循環的な時間観念のもとで、従来の奢侈はその準備も含めて長い時間をかける特別な行事として実施されてきた。近代の奢侈はそうした時間の切れ目を無意味化し、日常的な時間の中で奢侈的消費が可能になるような仕組みを発達させていく。これら4つの傾向が複合的に作用する結果、中世から近代へと時代が移り変わる中で、公共的、祝祭的な消費から個人的、日常的な消費へと奢侈の意味づけが変化していくこととなる。

　豊富な資金力と合理的な経営という2つの要件を備えることが奢侈品市場のビジネスの成功には不可欠である。これが初期の資本主義システムの発達につながる。ゾンバルトは4つの側面でその必要性を裏づけている。1つ目は生産過程である。奢侈品の生産には遠方からの高価な原材料の輸入が必要となる。その経営には大きな資金力や合理的な意思決定などが求められる。その要件を満たす制度として、金融、株式会社、保険などが発達することとなった。2つ目は販路である。奢侈品の顧客層は貴族や愛妾である。これらの顧客の支払いはしばし

ば滞る。さらに流行の変化が速いため、景気変動の影響を受けやすい。こうした販路にまつわる事情のため、奢侈品市場は貸し倒れのリスクが高い。大きな資金力と柔軟な経営組織はそのためにも必要となる。3つ目は企業家である。奢侈品の生産企業の多くは王侯や外国人であった。こうした企業家の社会的地位が同業組合などの制約から離れて経営の合理化の追求を可能にした。4つ目は市場規模である。奢侈品市場に代わる大衆市場が未発達であったため、余剰資金は奢侈品生産に投資されざるを得なかった。

◆消費の顕示性

産業活動にあまり従事せず、もっぱら消費に専念することを有閑な生活ということができる。T.ヴェブレンはこうした生活様式を志向し実践する人びとを有閑階級と呼ぶ。今日では多くの人びとが有閑な生活や有閑階級に対する憧れを持っている。ヴェブレンは同時代（19世紀）のアメリカ文化をこう分析したうえで、有閑な生活を望ましいものとして評価する人びとの価値観はどのようにして形成されたのかという問いを設定する。

生物学的次元から見て、人間は自らの種の保存に係わる根本的な本性を持っている。その本性のことをヴェブレンは、ワークマンシップ本能と名づける。ワークマンシップ本能を持つ人間は本来、産業活動を愛好する存在である。なぜなら産業活動に従事する結果として、生物としての人間は自らの個体および種を維持することができるからである。ワークマンシップ本能を持つゆえに人間は、自己や他者が産業活動において能率性や勤勉性を発揮することに自然と好感を抱くとヴェブレンは述べている。

時間、労力、資源の生産的使用を称賛する価値観こそがワークマンシップ本能に適った文化である。しかし有閑な生活を称賛するような価値観が19世紀のアメリカ社会の中では形成されている。ヴェブレンは競争心というもう1つの人間本性を導入することでこの矛盾を解決していく。競争心に促されて人びとは、自己の卓越性を互いに誇示し

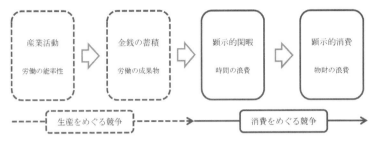

図 3-8　羨望喚起対象の推移

つつ、他者の羨望を喚起する競争を繰り広げる。この競争心がワーク
マンシップ本能と合成されることで、価値観の変容が羨望喚起対象の
推移というかたちで歴史的に展開していく（図3-8）。

　人びとはまず、産業活動への精励を通じて、労働の能率性を競い合
うことを始める。原始社会の段階では、労働において能率性や勤勉性
を発揮して生活物資の確保に貢献した人びとは周囲からの称賛や名声
を多く集めることとなったであろう。やがて文明の発展により、社会
の中で貧富の差が形成される段階になると、今度は金銭（富）が羨望
喚起の対象となる。金銭とは労働の成果物のことである。それゆえ金
銭の蓄積は、労働の能率性を間接的に表すシンボルとしての意味を帯
びるようになる。直接的な労働の能率性の競争はここで、労働の能率
性のシンボルをめぐる金銭の蓄積競争へと変化する。

　金銭の蓄積競争は人びとに勤労と節倹の生活規範をもたらす。する
と今度は、勤労や節倹をしなくてもよい生活が卓越性すなわち羨望喚
起の対象となる。ワークマンシップ本能をめぐる競争の場はしだいに、
生産（勤労）から消費（浪費）へと移行していく。この段階で有閑な生
活に対する憧れという価値観が形成される。産業活動に携わる能力を
直接的に競う代わりに、富の裏づけを意味する有閑な生活が卓越性の
シンボルとなる。

　有閑な生活をめぐる競争はまず、労働の回避というかたちで行われ
る。生活のために労働する必要がなく、閑暇を多く持つことが豊かさ

のシンボルとなる。閑暇は時間の浪費を意味する。閑暇が労働の回避を顕示する手段として社会的に意味づけられることをヴェブレンは顕示的閑暇と呼ぶ。顕示的閑暇をめぐる競争は行儀作法や礼節の発達を促進する。立派な行儀作法を習得するためには、それに専念できる境遇が必要である。時間的かつ金銭的に十分な余裕があり、産業活動のための知識や技能ではなく、行儀作法や礼節の習得という非生産的な目的のためにそれらを費やすことができなければならない。それゆえ立派な行儀作法を習得していることは、長期にわたり財力と閑暇を持っていたことのシンボルとなる。

　顕示的閑暇の競争は徐々に、代行的閑暇のかたちを経て、顕示的消費をめぐる競争へと変容していく。代行的閑暇とは、有閑階級としての自分に奉仕する人びとの身なりや職業的な振舞いを立派なものにすることで、自己の豊かさを間接的に顕示することである。また、顕示的消費とは、金銭や物財の浪費を顕示するための手段としての意味合いを消費が帯びることである。顕示的消費は代行的閑暇の派生型である。顕示的消費も金銭や物財の非生産的使用を通じて、自己の豊かさを間接的に顕示することになる。顕示的消費の競争においては、有閑な生活を示唆する消費様式が羨望喚起の対象となる。

◆流行の論理

　流行は芸術、建築、学問、宗教、文学など人間社会の様々な領域で起こり得る現象である。しかしここでは消費に限定して流行の論理を見ていく。消費の流行という現象はどのようにして生じるのか。消費の流行を社会階層とのつながりで説明する理論がある。G. タルドおよびジンメルの流行の理論がその代表例である。以下では両者の理論を手がかりにして、社会階層と消費の格差との関連性について考えてみよう。

　タルドとジンメルは共に模倣という視点から流行を捉えている。流行が模倣によって生じるとして、人びとは何を模倣するのか。それは社会的な何らかの卓越性のイメージである。卓越性とは当該社会の中

で多くの人が憧れを抱く何かである。より具体的には威信、権力、富、美、知識、技能などの社会的資源の複合である。もっとも、何が憧れの対象となるかは時代と場所によって異なる。したがって、これら社会的資源の組み合わせに普遍的な基準があるわけではない。タルドは模倣対象となる卓越性の内容を社会的財の系列と呼んでいる。タルドのいう社会的財とは、社会的資源とほぼ同義である。ある人が卓越しているとは、その人が社会的財を使って優越的な地位や成果を獲得しているということである。人びとは卓越した人に憧れを持ち、その卓越性を自分もまた身につけることを希求しながら模倣を行う。

　しかしながら、各人がその個性において卓越性を体現することは難しい。卓越性を身につけるためには多くの時間と創意工夫とが必要となるためである。人びとの関心はそのため、まずは卓越性のイメージを体現している諸形式すなわち様々な消費財の消費へと向かうこととなる。自分の個性的な人格が卓越性を体現する代わりに、卓越性を表象している手段を手に入れることでそのイメージを模倣しようとする。あるモノに対する消費の欲求は生産の欲求に比べて、急速に容易に拡大していくとタルドは述べている。卓越性の模倣はここで卓越性の形式の模倣へと転化する。このことが消費に流行を作り出すこととなる。

　消費の流行は審美的価値を追求する。なぜなら卓越性の模倣は消費の流行において卓越性を表象する形式の模倣へと転化しているからである。卓越的な社会的資源の組み合わせは不変であっても、その表象の形式のみを多様に変化させることは可能である。形式において審美的価値を追求する流行は、とめどなく新しい形式を差異として生み出していく。流行の変わりやすさは卓越性を表象する諸形式を次々に消費していくことに原因がある。

　タルドとジンメルの説明図式は一般に、流行の滴下（トリクルダウン）理論と呼ばれる（図3-9）。模倣の対象とされるのはつねに、卓越性を保持する上流層である。流行は下流の人びとがより上位の階層の諸形式を模倣して、消費生活に取り込もうとすることから始まる。タルドは流行の普及が階層的になることを優越者の模倣と近接者の模倣と

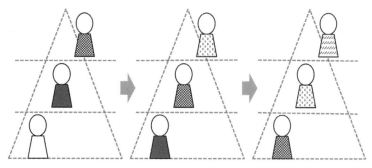

図 3-9　流行の滴下理論のイメージ

いう2つの模倣の法則として説明する。タルドによれば、最も卓越性
を示す優越者がそれだけで最も多く模倣されるようになるわけではな
い。その優越者は他者から認知される必要がある。模倣はつねに優越
者の近辺から始まる。その結果、流行は上流層から下流層へと連続的
かつ段階的に広がる。流行は社会階層間に格差をもたらしながら滴下
的に普及していく。

　ジンメルが指摘するように、流行は一様化と個別化という相矛盾す
る2つの論理を内包している。人びとは他者と同じ流行を追うことで、
ある意味の安心感を得ることができる。流行を追うことで消費選択に
係わる責任を軽減できるからである。消費選択のリスクやその帰結に
対する責任を逃れながら、卓越性の表象は確実に消費する。それと同
時に、流行を追っていれば卓越性の表象のおかげである程度の個別化
を示すこともできる。流行を追う人は、卓越性のイメージを共有する
集団に属することで流行という一様化を追求しながら、その他の集団
との関係で自己の個別性を顕示することができる。ところで、下流層
に普及した流行はもはや卓越性の表象ではなくなる。そのため上流層
は新たな形式をつねに追い求めていく。階層間の消費の格差は流行が
推移することで維持される。

13-2 差異の再生産

◆文化資本と経済資本

　資本とは一般的に、何かをするための元手という意味である。ブルデューは文化資本という分析概念を作り、文化的要素を資本のイメージで捉えることの有用性を指摘する。ブルデューのいう文化資本とは具体的には、知識、教養、技能、所作、振舞い、趣味、感性などを指している。これらの文化的要素は財力（経済資本）と同様に、社会生活の中で元手として用いられる。文化資本の多寡が諸個人の活動の成否に影響を与える。

　文化資本についてもその蓄積や保有の多寡をある程度測定することができるとブルデューはいう。もっとも文化資本の多寡は、経済資本と同じように数値化して明確に測定することはできない。文化資本は基本的に無形の蓄積物であるために不可視である。したがって、その保有の事実を直接的に確認することはできない。しかし蓄積がないとそれを活用できないこともまた事実である。この意味において、文化資本も経済資本と同じく、蓄積が可能なものであると考えることができる。人びとは状況に応じて、あらかじめ蓄積している文化資本を意識的または無意識的に活用しているとされる。

　文化資本はその状態の違いにより3つに類型化できる。①身体化された状態、②客体化された状態、③制度化された状態がその3つの類型である。身体化された文化資本とは、身につけられた教養や技能のことである。そうした文化資本は会話や日常的な所作などの中で表面化する。客体化された文化資本とは、その人の趣味や知識などが連想される物財のことである。例えば、楽器を所有している人がいるとする。演奏ができること、音楽に造詣が深いことなど、その人が蓄積しているであろう文化資本がその楽器から連想される。制度化された文化資本とは、資格や肩書きなどである。資格や肩書きは試験結果や実績などに基づき、その人の知識や技能が一定水準にあることを制度的に証明するものである。不可視の文化資本は制度化されることで可視

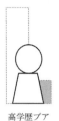

成金・俗物　　　　　　エリート　　　　　　高学歴プア

図 3-10　文化資本と経済資本の組み合わせ

化される。

　文化資本の本質は身体化された状態において最も顕著に表れる。知識や教養や振舞いなどは、各人の内部に人格的な属性の一部として身についている。それらは学習や経験を通じて、時間をかけて身につけられる。文化資本はたんなる付け焼刃的な知識や技能のことではない。時間をかけて身につけられた文化的要素だけが文化資本となる。この時間的側面があるために、文化資本は人びとの間の差異を確認するための手段として利用される。身体化された文化資本の代表は日常的な言葉づかい、所作、趣味などである。それらは他者との関係性の中で、会話やしぐさや表情などとして表面化する。とくに言葉づかいや所作は付け焼刃的なごまかしがきかない。それらは半ば無意識的に表出されてしまうため、時間が経つほどその本来の蓄積が他者の目に明らかとなる。

　言葉づかいや所作や趣味には、それまでの教育や家庭環境などの影響がはっきりと表れる。そのため文化資本は人格の長期的な側面を表す指標としての意味合いがある。それに対して、経済資本はその多寡がより短期的に変動する。それゆえ、それは人格の短期的な側面を表す指標としての意味を帯びる。実際の場面では、ある人の人格をより正しく推し量るための手段として、経済資本と文化資本の組み合わせがしばしば用いられる（図3-10）。文化資本と経済資本の両方を豊富に蓄積している人びとはいわゆるエリートである。エリートはその社会

の中で高い評価が得られやすく、様々な活動で成功の可能性が高くなる。一方、両資本の間でその多寡に不均衡がある人びとは、批判や嘲弄や軽蔑の対象とされることが多くなる。文化資本は少ないのに経済資本だけは多くある人びとは、成金や俗物と呼ばれる。そうした人びとは文化資本の貧弱さゆえに軽蔑の対象となる。反対に、文化資本は多いのに経済資本は少ない人びとは、今日のいわゆる高学歴プアなどである。知識や教養があり趣味のよさも持ち合わせているけれども財力が乏しいために活動の成功がおぼつかない人びとである。そうした人びとも経済資本の貧弱さゆえに嘲弄の対象となる。

◆卓越性の顕示と消費様式

　文化資本の蓄積の差に由来する個人間の差異は、日常生活のあらゆる場面で顕在化する。文化資本の差異は生活様式の差別化を多方面において展開していく要因となる。しかもその差別化のしるしは隠微な権力性を持っている。そのしるしは文化資本の蓄積が豊富である側の人びとにしか識別できないからである。いわゆるエリートや上流層としての言葉づかいや所作や趣味の細かい部分はそれを身につけている者でないと分からない。そのため、差別を受ける側は何を基準にして差別されているかが見えない。この点において文化資本の差異は、貧富という経済資本の差異と比べて、より巧妙で持続性があるといえる。

　ブルデューによれば、こうした文化資本に基づく差異はたんなる違いという意味合いを超えて、卓越性の基準として作用する（図3-11）。卓越性とは他者と比べて何らかの点で抜きん出ていることである。人びとは自他の文化資本の多寡を生活のあらゆる場面で互いに推定し合いながら、人間関係のネットワークを構築している。人間関係のネットワークとは差異の体系のことであり、自己の人格も他者との差異において決定される。そのとき彼我の差異を測る尺度が文化資本（および経済資本）である。

　文化資本の差異は後天的なものである。その差異は本人の努力によってある程度は解消できる。しかし文化資本を身につけるためにはあ

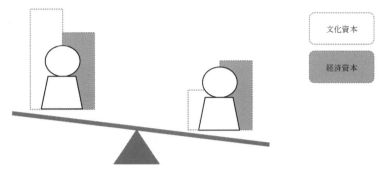

図 3-11　卓越性の顕示

る程度の長い時間が必要である。文化資本の蓄積量を短期的に増やすことは難しい。そのため、すぐにはその差異を解消することはできない。先に述べたように、文化資本は人びとの間の差異を確認する手段として利用される。文化資本の蓄積に係わる適度な困難さは、そうした差異を卓越性として固定化するために好適である。

　文化資本に基づく卓越性をめぐる競合は、消費様式をめぐっても展開される。消費の顕示性が文化資本の差異を標示するための手段として利用される。文化資本の差異は消費様式の差異として表れる。消費生活は自分の文化資本を他者や社会に顕示する機会でもあり、同時に他者の文化資本を推測する機会でもある。人びとは消費様式を観察し合う中で、彼我の文化資本の蓄積を推測する。その人が何を購入するのか、何を保有しているのかなど、財やサービスの消費を通じて、その趣味や知識や技能などが推測される。時間の使い方もまた観察の対象である。その人が余暇をどのように過ごすのかによってもその文化資本の蓄積が推測される。言葉づかいや所作などと同じく、文化資本の表出を本人がすべて適切に制御することは難しい。したがって、消費の顕示性を通じた文化資本の標示とは、各人が意図的にそれを誇示している結果であるというよりも、むしろ半ば無意識的に顕在化してしまうものであるといえる。

　趣味とは顕在化した選好である。ブルデューによれば、趣味の顕示

とは他者の趣味に対する厳然たる否定表現でもある。趣味の顕示は他者の趣味に対する嫌悪を含意する。このことは、文化資本の顕示が人間の理性的側面ではなく、感情的側面と強く結びついていることを示している。卓越性をめぐる差異は感情に立脚した差別意識を育む。

　ブルデューの文化資本の概念は、ある社会において趣味や消費様式が保守的であることの理由を説明することができる。流行などの影響で様式性が変化する中でも伝統的な価値観が評価され続けること、あるいは経済的な境遇が目まぐるしく移り変わる中でも社会の階層的秩序が安定性を持ち得ることなどに対して、文化資本は説得的な論理を提出することができる。先述したように、経済資本に基づく選好の顕示が比較的短期の変動を説明する指標であるとすれば、文化資本に基づく選好の顕示は長期の変動を説明する指標として位置づけることができる。経済資本と文化資本の2つの論理を接合することで、消費様式の変化の方向性をより正確に見定めるための理論的枠組みの構築が可能となる。

◆消費の儀礼性

　文化的要素が消費を規定する論理は一般に、消費の文法と呼ばれる。消費の文法とは、消費において諸財が選択され組み合わされるときにその背後において作用する規則性のことである。消費の文法は文化的規範として消費者の行為を規定し、その消費様式を決定づける。どのような財の組み合わせを適切と感じるかは消費者によって異なる。消費の適切性を判断する基盤が文化資本の蓄積である。

　消費する財の組み合わせに適不適の感覚が生じることを最初に指摘したのはG. マクラッケンである。マクラッケンはD. ディドロのエッセイ「私の古い部屋着に対する愛惜」から着想を得て、消費の文法の考え方を展開している。そのためマクラッケンは、人びとに財の組み合わせの適切性を維持させるように促す作用をディドロ効果と名づけている。

　ディドロのエッセイのあらすじを辿ってみよう。エッセイは自宅の

書斎に座っているディドロがある出来事を回想するという設定である。ある日ディドロは友人からの贈り物として、新しい緋色のガウン（部屋着）を手に入れる。喜んだディドロは、それまで使っていたボロボロの古いガウンを捨ててしまう。その後、新しいガウンとの調和（バランス）を考慮して、書斎の机を新しくした。すると今度は、書斎のあらゆる家具の古さが気になり始める。ディドロは結局、書斎全体を総点検して多くの家具を新しいものに替えてしまう。その結果、それまで雑然としていた書斎は整然と美しい空間へと変化する。けれどもなんとなく居心地が悪いとディドロは感じるようになる。ディドロは書斎の家具を新しくしたことを後悔しつつ、以前の雑然とした書斎の居心地のよさを愛惜する。

このエッセイの中のディドロが失ったものとは何か。それはかつての書斎という空間にあった諸財間の調和であり、その調和がもたらす空間全体の居心地のよさである。ディドロは書斎における財の調和が贈り物のガウンの闖入によって乱れたことを感じた。別言するならば、贈り物のガウンは書斎における消費の文法規則を破っているとディドロには感じられたということである。ディドロ効果とはしたがって、消費の文法の規則性を再現するように消費者の志向や行為を規定する規範力のことであるということができる。

消費の文法という考え方をさらに展開すると、消費の儀礼性という問題が見えてくる。M. ダグラスは『儀礼としての消費』の中でこの問題を取り上げている。ダグラスはレヴィ＝ストロースの考え方を援用して、消費される財を思考のための媒体と見なす。財は食べたり着たりするのに適しているから消費されるとする見方をいったん忘れてみよう。そして財とは考えるのに適しているから消費されると考えてみようとダグラスはいう。そうすることで、財を人間の創造的能力に係わる非言語的媒体として捉えることができるようになる。

ダグラスによれば社会生活の主要な問題は、ものごとの意味を固定し、しばらくの間不変にしておくことである。ものごとの意味は目に見えない。またその意味は時間の経過の中で移ろいやすい。さらに同

じものごとでもそこに付与される意味は人によって異なる。そうした中で、人びとはものごとの意味に関する合意を社会的に固定する必要がある。そのための手段が儀礼である。儀礼とはすなわち様式性の付与である。儀礼はものごとの意味をその様式性を通じて可視化し、ものごとに公共の定義を与える。

　財はこのとき、公共的な意味を固定化する媒体として利用されており、意味を具体的に表示することができる標識としての役割を果たす。財はその使われ方や使われる機会、他の財との組み合わされ方などを通じて、消費様式というかたちで生活空間を意味で満たす。そこには財の選択や使用に関する、ある特定の規則性が付随する。この規則性に基づいて財の配置や使用のパターンが再現性を獲得するとき、消費は儀礼的な行為となる。儀礼的行為としての消費は再現性を発揮して、ものごとの意味を反復的に維持していく。財はその中にあって、消費の目的として求められるのではなく、意味を再現するための成就的な手段として求められている。

　消費の儀礼性は排除の論理も含む。ある特定の消費様式は、たんなる消費の規則性を体現しているだけではない。それは規範力としても作用することで、規則から外れる財の配置や使用などの可能性を排除する。文化資本の卓越性を顕示するために消費が標識として利用されたのと同様に、消費の儀礼性は特定の消費の様式性を適切に再現できる人とできない人とを截然と区別立てるための手段となる。

14

表象の過剰と情報の縮減

14-1　表象の過剰

◆商品のフェティシズム

　労働の生産物としてのモノは市場の交換関係の中で商品となる。商品となったモノは商品固有の価値を帯びるようになる。ある商品は他の商品との関係性の中で比較され価値づけられる。個々のモノは市場交換において、その物質的な有用性とは別に社会的な価値基準において評価される。

　多種多様な商品としてのモノたちは1つの表象体系を構成する。ここではその表象体系を商品世界と呼ぶ。商品世界は言語に似ている。それぞれの言語も1つの表象体系である。ある言語に属する1つの語（記号）の意味は、言語体系全体の中でその他の語との差異において定まる。言語体系とはこの点で、差異の体系である。商品世界も同様に、1つの差異の体系をなしている。商品世界にあって、ある商品の価値はその他の商品との差異において定まるからである。

　商品としてのモノの価値は、生産者との個別（非社会）的な関係性からも、さらにはその物質的な有用性からも離れているかのように見える。その価値は商品世界という差異の体系の次元からのみ規定されているように見えるためである。この点においても商品世界は言語に似ている。言語は確かに人間社会が作り出したものである。しかしながら、一度作り出された言語は人びとの社会的関係性や世界の見方を規定するようになる。商品もまた同様の論理を持っている。個々の商品を作り出したのは人間の労働である。そして交換関係の中で諸々の商品を価値づけし、商品世界を作り出したのは人間社会である。しかし一度構成された商品世界はやはり、人びとの社会的関係性や世界の見方を規定するように作用する。

　言語も商品ももともと、人と人との関係性から生み出された表象体系である。言語はコミュニケーション手段として、商品は交換手段として、それぞれ人びとの社会的な関係性において使用されるゆえに価値が生じる。ところが、そうした表象体系が人間関係の外部にあるも

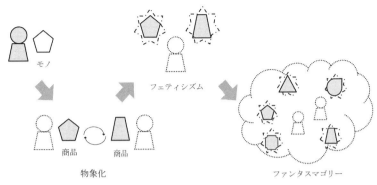

モノ

フェティシズム

商品　商品

物象化

ファンタスマゴリー

図 3-12　商品の価値

のとされ、体系の構成要素である個々の記号やモノがそれ自体としての価値を持つかのように人びとに認識される。このように人と人の関係性が記号と記号あるいはモノとモノの関係性へと転換されることを一般に物象化という。物象化された記号やモノはそれ自体に価値があると認識されてしまう。マルクスはこうした人間と記号やモノとの関係性をフェティシズム（物神崇拝）と呼んでいる。

　フェティシズムとは一般に、神秘的な力が備わるとされる何らかの物質的対象を崇拝することである。タイラーによると、コントが原始宗教の一般原理をフェティシズムと表現したことで、この語が広く使われるようになった。W. ベンヤミンは、無機物の中に有機的な魅力を感じることがフェティシズムの本質であると述べる。それは生の要素を死んでいるモノの中に見出すことである。商品のフェティシズムとはこの意味において、人間労働という生の要素を無機物であるモノの中に感じることであるといえる。

　商品としてのモノに対するフェティシズムは、あらゆるモノが商品となる近代の市場社会の中で商品世界全体へのフェティシズムを生み出す。商品世界の表象体系は1つの総体的なイメージとなって人びとの世界の見方に影響を与える。ベンヤミンは商品世界が生み出す表象

の世界をファンタスマゴリーと呼ぶ。ファンタスマゴリーとは幻想や幻影という意味の語である。商品世界のファンタスマゴリーは、商品のフェティシズムが無数に輻輳する表象の空間である（図3-12）。商品が大量に生産されるほど、差異の体系としての商品世界は豊かな表象の空間となる。近代の市場社会は商品を通じて、そうした豊かな表象空間をファンタスマゴリーとして展開し続ける巨大な装置としての一面を持つ。

　ベンヤミンは流行の中に消費の儀礼性があることを指摘している。商品世界というファンタスマゴリーでは新たな商品が次々に生み出されると同時に流行もつねに発生する。流行は商品をどのように崇拝するべきかという儀礼の方法を人びとに教える。

◆日常生活の美化

　人類における道具の発明の歴史はその一面において、技術的複製の発達の歴史であったということもできる。文字にしろ、日用品にしろ、美術品にしろ、人間が作った造形はつねに他の人びとによりコピーされてきた。造形のコピーには2種類の方法がある。1つは人間の手による手工的複製であり、もう1つは機械等を用いた技術的複製である。

　芸術作品を技術的複製としてコピーすることは近代に固有の新しい現象である。技術的複製に関するこの新たな展開に注目することで、社会の近代化の大きな変化を捉えようとしたのがベンヤミンである。ベンヤミンは技術的複製の歴史において、1900年頃に1つの大きな画期があることを指摘する。その画期とは、写真および映画の登場によるグラフィックデザイン（書画芸術）の劇的変化のことである。写真や映画という技術的複製は、それまでオリジナルな芸術作品が占めていた特権的な地位を無効にしてしまった。ベンヤミンによれば、オリジナルとコピーとの関係性が変化することにより、芸術作品がそれまで担っていた社会的な価値が希薄化することとなった。その価値とは、オリジナルな芸術作品のみが持つとされた真正性という性質である。オリジナルとコピーとの区別が曖昧化あるいは無効化している中で、

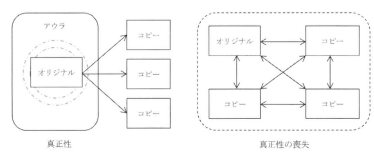

真正性　　　　　　　　　　　　　　　　真正性の喪失

図3-13　技術的複製とアウラの消滅

作品の真正性を強調することは無意味である（図3-13）。写真や映画の登場は、作品のオリジナルとコピーとの従来的な関係性を大きく変化させてしまった。

　芸術作品におけるオリジナルの真正性という価値の喪失はまた、真正性という価値づけに付随する複製可能性に対する抵抗という意味合いの喪失をも招くこととなる。写真や映画が登場する以前、オリジナルな芸術作品は歴史や伝統との象徴的なつながりを保持していた。ベンヤミンはオリジナルな作品が帯びていたこうした特徴をアウラと呼んでいる。技術的複製の発達は、オリジナルな作品からアウラを喪失させることにつながる。

> 空間と時間から織りなされた不可思議な織物である。すなわち、どれほど近くにであれ、ある遠さが一回的に現れているものである。
>
> 　　　　　　　　　　　（ベンヤミン『複製技術時代の芸術作品』）

　アウラとは何か。ベンヤミンは上記のように説明している。アウラと非アウラとを対比させるとアウラの概念がもう少し分かりやすくなる。ベンヤミンによると、アウラを持つオリジナルな芸術作品の特徴は一回性と持続（永続）性である。他方、アウラを欠いているコピーの特徴は一時性と反復可能性である。アウラとはすなわち一回性と持続性という性質において、当該のモノが唯一無二の存在として歴史や

伝統という意味世界に埋め込まれることを可能にする文化的な作用のことである。

　アウラを持つオリジナルな芸術作品はその一回性という特徴ゆえに複製可能性を拒んでいる。そのため、その制作にあたっては永続性が追求される。アウラが宗教的な側面を持つのはそれが唯一無二の存在として永続的価値を象徴するからである。芸術作品はもともと、魔術や宗教などの儀式の中で使用されてきた。ベンヤミンはアウラのこうした宗教的な意味合いを礼拝価値と呼んでいる。技術的複製の発達は芸術作品から礼拝価値も喪失させてしまう。この点からすれば、芸術作品からのアウラの喪失とは、近代社会における世俗化の進展の1つの表れであるともいえる。

　オリジナルとコピーとの区別が無効となった芸術作品は大衆のための消費財となる。大量に複製可能な商品としての芸術作品が大衆によって同時的に消費される複製技術時代の到来である。複製技術時代の消費者は、非アウラ的な真正性を有するコピー商品をふんだんに消費することで自己の日常生活を美化していく。ここまで来れば、表象の意味世界が現実を超えるリアリティを持つようになる段階まであと一歩である。

◆表象のリアリティ

　20世紀に入ると大量生産と大量消費を背景にして、商品のライフサイクルの短縮化が加速する。その1つの帰結として、大量のモノを消費することで、生活の豊かさを実感する人びとが欧米を中心にして急速に増えていくこととなった。大量のモノを積極的に購入し、大量のモノを所有することに喜びを感じるような志向のことを物質主義という。20世紀は物質主義的な消費生活が全世界に広がりを見せた時代であったといえる。

　消費に対する人びとの関心が高まり、消費者としての人びとの行為が社会的に大きな影響力を持つようになった社会のことを消費社会という。消費に対する関心としては多様なものが考えられるが、欧米型

の消費社会においては、20世紀を通じて物質主義的な関心が優勢であった。

J. ボードリヤールは記号論的な視点から物質主義的な消費社会を分析する。ボードリヤールは『消費社会の神話と構造』の中で、①財の廃棄の速さ、②財の過剰、③財の記号性、④生活の均質化、⑤シミュレーションの5つを物質主義的な消費社会の特徴として指摘している。これら5つの特徴が相まって、人びとの消費はコミュニケーションとしての側面を強めていく。モノは、その機能や性能の有用性において消費されるだけではなく、それ以上にその記号性としての有用性ゆえに消費されるようになる。

モノが社会に溢れる中で、個々のモノのそれ自体としての意味づけは希薄化していく。個々のモノは、他の多くのモノとの組み合わせのための記号として消費される。ボードリヤールはこうしたモノの組み合わせのことをパノプリと呼ぶ。パノプリを構成する個々の要素はつねに入れ替わるが、全体としてのパノプリは維持される。個々のモノはパノプリを維持する媒体にすぎなくなる。それが財の記号性である。パノプリは全体として「豊かさ」を象徴する。個々のモノはその豊かさの記号として、購入と廃棄の繰り返しの中でメッセージを伝える媒体となる。

ボードリヤールは言語の使用になぞらえて、コミュニケーションとしての消費の側面を強調する。パノプリと個々のモノとの関係は、1つの言語体系と個々人による発話との関係に類比できる。例えば、日本語を話す人間が1人もいなくなれば、言語体系としての日本語も失われる。日本語という言語体系を維持するためには、人びとが日本語を使ってコミュニケーションを継続しなければならない。同じように、消費社会にあってパノプリが表す豊かさを維持するためには、消費者はいつまでもモノの購入と廃棄とを繰り返さなければならない。

消費社会における財の記号性は表象に対しても作用する。ボードリヤールはシミュレーションという概念を使って、現実と現実のイメージとの転倒を説明する。シミュレーションとは模造作用のことである。

図 3-14　ハイパーリアリティの現実性

模造作用のレベルが高くなると現実とそのコピーとの区別が曖昧になり、ついには現実のイメージのみに基づくコピーが出現するようになる。それはコピーのコピーである。オリジナルが存在しないそうしたコピーはシミュラークルと呼ばれる。シミュレーションが現実に対して優位となり、シミュラークルが氾濫する状況をボードリヤールはハイパーリアリティと呼んでいる。ハイパーリアリティの中では、現実よりも現実のイメージのほうに、よりリアリティ（現実性）を感じるという転倒した状況が生まれる。例えば、インターネットの観光旅行関連のサイトで、旅行先の風景イメージを見たとしよう（図3-14）。その後、実際に観光旅行に行き、現地で同じ風景を見たときに、人によっては現実の風景に違和感を覚えることがある。それは、いま目の前にある現実の風景よりも、インターネットで見た風景のイメージのほうにリアリティを感じてしまうために生じる違和感である。

14-2 情報の縮減

◆貨幣と自由

　貨幣は人びとの社会関係を自由にする。貨幣とはこの意味で、諸個人の自由と深い係わりを持っている。ここでの自由とは社会的自由のことである。社会的自由は、自分の好き勝手に何でもやりたい放題にできるという意味での自由のことではない。それは義務との関係において規定される自由である。各人の社会的自由の程度は人間関係における義務の範囲に応じて相対的に決まる。

　ジンメルは文明の発達に伴い、社会的自由が歴史的に拡大してきた過程を素描している。

　ジンメルによると、古代の奴隷、中世の農奴、近代の借地農の順に義務の範囲が縮小していく。奴隷の主人に対する義務の範囲は人格に及ぶ。奴隷は身体的にも時間的にもその身分が続く限り奴隷としての義務を負う。この点で奴隷の社会的自由はほとんどない。農奴の領主に対する義務の範囲は労働である。農奴は一定の身体的および時間的な義務を負う人びとである。職業選択の自由はなく、移動や居住の自由もない。しかしながら、24時間ずっと義務を負う奴隷に比べるとその義務の範囲は縮小している。借地農の地主に対する義務の範囲は物財である。借地農は借地契約によって生じる地代の納入義務を負うのみである。借地農は地代さえ納めれば、身体的にも時間的にもそれ以上拘束されることはない。歴史的に見ると、人格、労働、物財の順に義務の及ぶ範囲が縮小していることが分かる。それに応じて、人びとの社会的自由は拡大することとなる。

　義務の範囲が物財となった時点で、義務者にとっては義務を果たす手段が自由に選べるようになる。一定の地代さえ納入すれば義務を果たすことになるため、その手段をどのように獲得したのかという部分は義務の範囲外になるからである。とくに地代が金納すなわち貨幣で支払われるようになったとき、人びとの社会的自由は最大限に拡大したとジンメルはいう。貨幣での納入が認められると、どのような活動

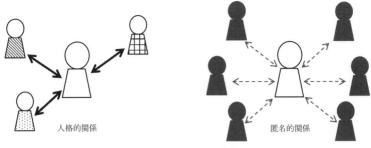

図 3-15　人格的な相互依存と匿名的な相互依存

（職業）から貨幣を獲得するのかという部分において、さらに自由度が増すことになるためである。

　貨幣をあまり使わない生活においては、狭い範囲のよく見知っている人びとの協働や互酬が不可欠である。生活に必要な物資を貨幣で購入しない場合、自力で生産するか、あるいは互酬による物々交換を通じて入手するかのどちらかである。そうした社会では、人びとの相互依存関係は人格的なつながりを基本として構成される。人格的なつながりは緊密な社会関係を築くことを可能にする一方、取り換えのきかない他者への依存関係を強めることにもなる。それはいわば顔の見える強固な人間関係である。取り換えのきかない他者との相互依存では、互酬における義務の連関が無際限に続く。互酬に参加する人数は限定されるため相互依存関係は小規模となる。そのため、社会的自由はそれほど拡大しない。

　貨幣経済の発達は人格的な相互依存を基礎とする従来の人間関係を大きく変容していく。貨幣は人びとの社会的自由を拡大する。その拡大された自由が顔の見える人間関係からの脱却をもたらす。貨幣経済の発達は人間関係を、少数者間での人格的な相互依存関係から多数者間での匿名的な相互依存関係へと転換する（図3-15）。貨幣経済における人間関係の特徴としてジンメルは、①多くの他者への依存関係の拡大、②匿名的な依存関係の拡大、③人格の分割化の3つを指摘している。貨幣経済の発達のおかげで、商品購買型の消費生活が普及する。

人びとが購入する多様な商品は誰かがどこかで生産したものであるが、もはやその誰かやどこかを詳しく知る必要はない。人びとが直接的に向き合うのは自己のニーズと商品のみである。商品売買の背後にある労働と労働との互酬関係は貨幣の介在によって見えづらくなる。そのためニーズを満たすための相互依存関係から人格的な要素が希薄化していく。各人の人格は生産者と消費者という役割に分割化され、人びとはそれぞれの役割に応じて匿名的な依存関係に関与するだけでよい。貨幣が可能にする自由は匿名的な人間関係へと開かれている。

◆貨幣とリスク

　市場社会において貨幣を保有することは自由を保有することである。貨幣は一般的な交換可能性を有するメディアである。どのようなモノやサービスとも交換できるという意味において、貨幣は純粋な手段性として機能する。この純粋な手段性という特徴ゆえに、貨幣は手段-目的関係に係わる行為連関の中で人びとの自由を最大限に拡大する。しかしながら、手段-目的関係において貨幣がもたらすこうした自由は反面で、行為のリスクも拡大してしまう。ここでのリスクとは行為選択を誤る可能性という意味である。何でも買えるということ、それは交換の場面において無限の選択肢が目の前にあるということである。人間の能力では選び得る選択肢のすべてを適切に考慮することは不可能である。そのため貨幣の使用にはつねに選択を誤るというリスクがつきまとうことになる。

　N. ルーマンは帰責意識という視点から貨幣とリスクとのつながりを論じている。ルーマンのいうリスク概念について確認しておこう。ルーマンはリスクを危険とは異なる概念として明確に使い分ける。帰責意識とは損害責任の帰属先に関する社会的合意のことである。ルーマンのいうリスクとは、行為者自身の選択に由来するものとしてその責任の帰属先が自己にあると社会的に見なされる損害である。他方、危険とは行為者以外の外部（他者、自然、運命、神など）にその責任が帰属すると社会的に見なされる損害である。何らかの負の事態が実現し

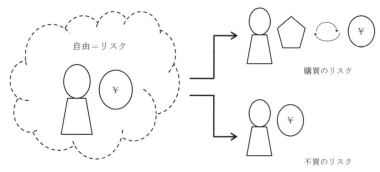

自由＝リスク

購買のリスク

不買のリスク

図 3-16　貨幣に係わる自由とリスク

てしまった場合に、ある行為者から見てそうした事態を招いた責任の
帰属が自己にあると社会的に認識されてしまったものをリスクと呼び、
自己以外のものに帰属させられたものを危険と呼ぶということである。
ルーマンのいう帰責意識とは、ある行為やその帰結に関する行為者の
主観的な態度や心構えのことではないことに注意しておこう。
　ルーマンはリスクと危険との区別を踏まえて、貨幣経済の拡大に伴
い経済行為にまつわる危険がリスク化されることを指摘する。貨幣は
作為と無作為の両面において経済行為のリスク化を助長する（図3-16）。
作為とは何かの購入を能動的に決定することである。先に述べたよう
に、貨幣は一般的な交換可能性を持つ。何かを購入したという判断は
行為者自身が自由に決めたことであり、その帰結に対する責任は当然
に当人に帰属すると見なされる。そのために作為的に行為した場合、
購入の誤りを事後的に譴責される可能性を行為者自身がつねに抱え込
むことになる。一方で、無作為の場合にも事後的な譴責の可能性がや
はり行為者につきまとってくる。無作為とは経済行為を企図しないこ
と、あるいは企図した結果、購入しないと判断することである。市場
社会において貨幣を保有することは、不買（何も購入しない）を決定し
たと見なされる。その不買は意図的な場合と非意図的な場合とが含ま
れるが、何も購入しなかったという事後的な視点において両者は同じ
行為となる。無作為の個人は社会的につねに無作為という行為を「選

択」したと見なされる可能性を排除できないとルーマンはいう。不買の選択とはつまり、貨幣保有の延期を選択したことと同義である。

　いま、何らかの負の事態が発生したとする。適切な財の購入を適宜に行っていれば、そうした事態は回避できた可能性がある。仮にこうした意見が社会的に出されたならば、その負の事態の責任が不買を理由に不作為の行為者に帰属させられる可能性が生じる。貨幣を保有している限り、人びとはつねに消費者という経済行為の主体であり続ける。しかしながら、貨幣を状況に応じてつねに適切に支出できると確言できる人はおそらく1人もいないであろう。そのため、消費者としての諸個人は貨幣による自由を享受すると同時に、その自由から生じ得る負の事態に対する事後的な譴責可能性も抱え込むことになる。自由とリスクをめぐる貨幣保有の問題が今日の消費者問題の根底に横たわっている。

◆貨幣と合理性

　貨幣は言語や度量衡と同様に、1つの象徴体系であるとポラニーはいう。ただし、貨幣には統一された目的があるわけではなく、その象徴体系は不完全である。貨幣とは実際に貨幣と呼ばれている量化可能物であり、その目的はそれぞれの貨幣使用の文脈に照らして具体的に記述するしかない。貨幣が象徴として用いられる場面は、①支払いのための使用、②標準としての使用、③交換手段としての使用の3つである。支払いのための貨幣とは、何かの責務がある状況で何かを引き渡すことでその責務が解消することになる場面で用いられる量化可能物である。標準としての貨幣とは様々な財の単位につけられる数量札のことである。交換手段としての貨幣とは、特定の財の入手という目的のために、まず獲得される特定の量化可能物のことである。量化可能物としての貨幣はこれら3つの場面において、特定の人間関係に関与する際に象徴としての意味を帯びる。

　現代の貨幣はこれら3つの場面すべてにおいて通用性を持つ。しかし、すべての貨幣がそうした一般的な通用性を持つわけではない。歴

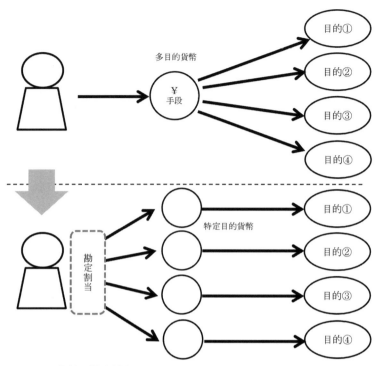

図 3-17　貨幣の勘定割当

史的に見ると一般的な通用性を持つ貨幣のほうがむしろ例外的である。
それぞれの貨幣の通用性の範囲は社会において決定される。ポラニー
は現代の貨幣のように一般的な通用性を持つ量化可能物のことを多目
的貨幣と呼び、特定の場面での通用性しか持たないものを特定目的貨
幣と呼ぶ（図3-17）。

　特定目的貨幣はその名の通り、ある特定の場面における特定の人間
関係という文脈においてしか貨幣として通用しない量化可能物である。
特定の物財との交換にしか使われないモノや特定の身分の人しか使え
ないモノなどが特定目的貨幣の例である。

　多目的貨幣と特定目的貨幣というポラニーの区分は、現代の貨幣の
特殊性を明らかにするための道具立てとして有益である。しかしこの

貨幣に関する区分を、近代貨幣と前近代貨幣との違いを強調するための二項対立図式として固定化してしまうとき、反対にそれは現代の貨幣現象の正しい理解を妨げる理論図式ともなる危険性を有している。

　V. ゼライザーは貨幣の勘定割当（イヤーマーキング）という概念を用いて、現代の人びとも日常生活の中で多様な特定目的貨幣を使いこなしていることを明らかにしている。勘定割当とは、一部の貨幣の使途を特定化することを通じて、その他の貨幣からその貨幣を区別することである。貨幣は様々な理由により勘定割当の対象となる。例えば、ギャンブルで儲けた貨幣はその使途が遊興費に限定されることがある。それは、ギャンブルで得た貨幣が労働の対価として得た貨幣から区別されていることを意味する。あるいは葬儀の費用として積み立てられた貨幣がある。この貨幣もまた、日常の支払いに使用されるその他の貨幣とは区別立てがなされているということである。

　勘定割当とは一般的な通用性を制限することで、多目的貨幣を特定目的貨幣に変換する作業である。それは多目的貨幣の社会への埋め込みであるともいえる。勘定割当がなされた貨幣からは、多目的貨幣の一般的な通用性に付帯する非人格性や意味の中立性が除去される。その結果、具体的な時空や人間関係の中でその貨幣の象徴としての意味づけが確定することになる。勘定割当は情報の縮減という側面において経済行為の合理性と関連している。

文献

＊本書の内容と係わりがある文献のみに限定して記載している。
＊外国語文献は訳書（訳書がないものは原書）を記載している。
＊訳書については訳書の出版年を記載している。

アガンベン（Agamben），2010，『王国と栄光──オイコノミアと統治の神学的系譜学のために』青土社.

アリストテレス（Aristoteles），1961，『政治学』岩波書店.

ボードリヤール（Baudrillard），[1979]1995，『消費社会の神話と構造』紀伊國屋書店.

────，2008，『シミュラークルとシミュレーション』法政大学出版局.

ベネディクト（Benedict），[1973]2008，『文化の型』講談社.

ベンヤミン（Benjamin），[1993-95]2003，『パサージュ論（1-5）』岩波書店.

────，[1995]2010，「複製技術時代の芸術作品」『ベンヤミン・コレクション 1──近代の意味』筑摩書房：583-640.

ブルデュー（Bourdieu），1988-1990，『実践感覚（1-2）』みすず書房.

────，1990，『ディスタンクシオン──社会的判断力批判（1-2）』藤原書店.

カイヨワ（Caillois），1990，『遊びと人間』講談社.

コント（Comte），[1980]1995，「実証精神論」『コント　スペンサー（中公バックス世界の名著46）』中央公論社：141-233.

ダーウィン（Darwin），2009，『種の起源（上・下）』光文社.

ディドロ（Diderot），1948，「私の古い部屋着に対する愛情」『ディドロ著作集　第4巻（文学1）』八雲書店：311-330.

デューゼンベリー（Duesenberry），1960，"Comment" In *Demographic and Economic Change in Developed Countries*, edited by National Bureau of Economic Research, Princeton, Princeton University Press: 231-240.

ダグラス（Douglas）・イシャウッド（Isherwood），[1984]2012，『儀礼としての消費──財と消費の経済人類学』講談社.

デュモン（Dumont），2001，『ホモ・ヒエラルキクス──カースト体系とその意味』みすず書房.

デュルケム（Durkheim），[1985]1996，『自殺論』中央公論新社.

────，1989，『社会的分業（上・下）』講談社.

エンゲルス（Engels），1965，『家族・私有財産・国家の起源』岩波書店.

ファース（Firth），[1959]2004, *Social Change in Tikopia: Re-study of a Polynesian Community after a Generation*, London and New York, Routledge.

────，1978，『価値と組織化──社会人類学序説』早稲田大学出版部.

フーコー（Foucault），2007，『安全・領土・人口──コレージュ・ド・フランス講義1977-78年度』筑摩書房.

ギアツ（Geertz），1963, *Peddlers and Prices: Social Change and Economic Modernization in Two Indonesian Towns*, Chicago and London, the University of

Chicago Press.

———, 2001, 『インボリューション——内に向かう発展』NTT 出版.

———, 2002, 『解釈人類学と反＝反相対主義』みすず書房.

グニージー（Gneezy）・ラスティチーニ（Rustichini），2000, "A Fine is a Price," *Journal of Legal Studies*, 29: 1-17.

ゴドリエ（Godolier），2000, 『贈与の謎』法政大学出版局.

グラノベター（Granovetter），2019, 『社会と経済——枠組みと原則』ミネルヴァ書房.

グリアスン（Grierson），1997, 『沈黙交易——異文化接触の原初的メカニズム序説』ハーベスト社.

グードマン（Gudeman),2001, *The Anthropology of Economy: Community, Market, and Culture*, Malden, Blackwell Publishing.

———, 2016, *Anthropology and Economy*, Cambridge, Cambridge University Press.

ハン（Hann）・ハート（Hart），2017, 『経済人類学——人間の経済に向けて』水声社.

ハリス（Harris），1987, 『文化唯物論——マテリアルから世界を読む新たな方法（上・下）』早川書房.

ホイジンガ（Huizinga），1973, 『ホモ・ルーデンス』中央公論新社.

イリイチ（Illich），[1982]1990, 『シャドウ・ワーク』岩波書店.

栗本慎一郎（Kurimoto），[1979]2013, 『経済人類学』講談社.

ラトゥール（Latour），2019, 『社会的なものを組み直す——アクターネットワーク理論入門』法政大学出版局.

レイヴ（Lave），1995, 『日常生活の認知行動——ひとは日常生活でどう計算し、実践するか』新曜社.

ル・ゴフ（Le Goff），1988, 『煉獄の誕生』法政大学出版局.

レヴィ＝ストロース（Levi-Strauss），1972, 『構造人類学』みすず書房.

———, [1979]2008, 『構造・神話・労働——クロード・レヴィ＝ストロース日本講演集』みすず書房.

ロック（Locke），2010, 『完訳 統治二論』岩波書店.

ルーマン（Luhmann），1991, 『社会の経済』文眞堂.

———, 2014, 『リスクの社会学』新泉社.

マリノフスキー（Malinowski），1958, 『文化の科学的理論』岩波書店.

———, 2010, 『西太平洋の遠洋航海者』講談社.

マルサス（Malthus），1973, 『人口論』中央公論新社.

マーシャル（Marshall），1965-67, 『経済学原理 (1-4)』東洋経済新報社.

モース（Mauss），2009, 『贈与論』筑摩書房.

マルクス（Marx），1956, 『経済学批判』岩波書店.

———, 1969, 『資本論 (1-9)』岩波書店.

マクラッケン（McCracken），1990, 『文化と消費とシンボルと』勁草書房.

ミーク（Meek）2015, 『社会科学と高貴ならざる未開人—— 18 世紀ヨーロッパ

における四段階理論の出現』昭和堂.

マートン（Merton），1961，『社会理論と社会構造』みすず書房.

南方熊楠（Minakata），1992，『南方熊楠コレクションV──森の思想』河出書房
　　新社.

ミンツ（Mintz），1988，『甘さと権力──砂糖が語る近代史』平凡社.

モンテスキュー（Montesquieu），1989，『法の精神（上・中・下）』岩波書店.

マン（Munn），［1986］1992, *The Fame of Gawa: A Symbolic Study of Value Trans-
　　formation in a Massim Society（Papua New Guinea）Society*, Durhan and
　　London, Duke University Press.

パーソンズ（Parsons），1974-89，『社会的行為の構造（1-5）』木鐸社.

ポラニー（Polanyi），2003，『経済の文明史』筑摩書房.

─────，2004，『経済と文明──ダホメの経済人類学的分析』筑摩書房.

─────，2009，『〔新訳〕大転換──市場社会の形成と崩壊』東洋経済新報社.

ラドクリフ＝ブラウン（Radcliffe-Brown），［1922］1964, *The Andaman Islanders*,
　　New York, The Free Press.

─────，1975，『未開社会における構造と機能』新泉社.

リッツァ（Ritzer），1999，『マクドナルド化する社会』早稲田大学出版部.

ロビンズ（Robbins），1957，『経済学の本質と意義』東洋経済新報社.

ルソー（Rousseau），1951，『政治経済論』岩波書店.

サーリンズ（Sahlins）・サービス（Service），1960, *Evolution and Culture*, Ann
　　Arbor, The University of Michigan Press.

サーリンズ（Sahlins），1984，『石器時代の経済学』法政大学出版局.

スコット（Scott），1999，『モーラル・エコノミー──東南アジアの農民叛乱と生
　　存維持』勁草書房.

サービス（Service），1977，『文化進化論──理論と応用』社会思想社.

ジンメル（Simmel），1976，「流行」『ジンメル著作集7』白水社：31-61.

─────，1999，『貨幣の哲学』白水社.

サイモン（Simon），2016，『意思決定と合理性』筑摩書房.

スミス（Smith），1978，『国富論（1-3）』中央公論新社.

ゾンバルト（Sombart），［1990］2016，『ブルジョワ──近代経済人の精神史』講談社.

─────，2000，『恋愛と贅沢と資本主義』講談社.

スチュワード（Steward），1979，『文化変化の理論──多系進化の方法論』弘文堂.

タルド（Tarde），［2007］2016，『模倣の法則』河出書房新社.

トマス（Thomas），2009，『君主の統治について──謹んでキプロス王に捧げる』
　　岩波書店.

ターンブル（Turnbull），1974，『ブリンジ・ヌガク──食うものをくれ』筑摩書房.

タイラー（Tylor），2019，『原始文化（上・下）』国書刊行会.

ヴェブレン（Veblen），1997，『ヴェブレン 経済的文明論──職人技本能と産業技
　　術の発展』ミネルヴァ書房.

─────，1998，『有閑階級の理論──制度の進化に関する経済学的研究』筑摩書房.

ヴィヴェイロス・デ・カストロ（Viveiros de Castro），2015，『インディオの気ま
　　ぐれな魂』水声社.

ウェーバー（Weber），1972，『宗教社会学論選』みすず書房.

──，［1979］1998，「経済行為の社会学的基礎範疇」『ウェーバー（中公バッ
　　クス世界の名著61）』中央公論新社：295-484.

──，1989，『プロテスタンティズムの倫理と資本主義の精神』岩波書店.

──，1998，『社会科学と社会政策にかかわる認識の「客観性」』岩波書店.

ホワイト（White），［1959］2016, *The Evolution of Culture: The Development of
　　Civilization to the Fall of Rome*, London and New York, Routledge.

ウィルク（Wilk）・クリゲット（Cliggett），2007, *Economies and Cultures: Founda-
　　tions of Economic Anthropology*, Boulder, Westview Press.

クセノフォン（Xenophon），2010，『オイコノミコス──家政について』リーベル
　　出版.

柳宗悦（Yanagi），［1928］2005，『工藝の道』講談社.

──，［1941］2006，『民藝とは何か』講談社.

ゼライザー（Zelizer），［1997］2017, *The Social Meaning of Money*, Princeton and
　　Oxford, Princeton University Press.

人名索引（五十音順）

ア行

カ行

本書収録の写真（装幀を含む）は、著者がフィジー、
ビティレブ島にて撮影したものである【2019年3月】。

【著者略歴】

鈴木康治（すずき・こうじ）

博士（学術）早稲田大学

早稲田大学社会科学総合学術院助教、慶應義塾大学経済学部非常勤講師などを経て
現在、第一工科大学工学部准教授

経済人類学入門
——理論的基礎

2020 年 8 月 31 日第 1 刷発行
2023 年 1 月 31 日第 2 刷発行

著　者　鈴木康治

発行者　福田隆雄
発行所　株式会社作品社
　　　　〒 102-0072　東京都千代田区飯田橋 2-7-4
　　　　Tel 03-3262-9753 Fax 03-3262-9757
　　　　https://www.sakuhinsha.com
　　　　振替口座 00160-3-27183

装　幀　小川惟久
本文組版　有限会社閏月社
印刷・製本　シナノ印刷(株)

Printed in Japan

仲正昌樹の講義シリーズ

〈知〉の取扱説明書

改訂第二版
〈学問〉の取扱説明書

ヴァルター・ベンヤミン
「危機」の時代の思想家を読む

現代ドイツ思想講義

カール・シュミット入門講義

〈法と自由〉講義
憲法の基本を理解するために

ハンナ・アーレント「人間の条件」
入門講義

プラグマティズム入門講義

〈日本哲学〉入門講義
西田幾多郎と和辻哲郎

〈ジャック・デリダ〉入門講義

ハンナ・アーレント「革命について」
入門講義

〈戦後思想〉入門講義
丸山眞男と吉本隆明

ドゥルーズ＋ガタリ
〈アンチ・オイディプス〉入門講義

〈後期〉ハイデガー入門講義

マルクス入門講義

フーコー〈性の歴史〉入門講義

ニーチェ入門講義

「世界金融危機を予見した書」

ロングセラー‼

ジャック・アタリ
21世紀の歴史
未来の人類から見た世界
林昌宏訳

ヨーロッパ最高の知性が、
21世紀政治・経済の見通しを大胆に予測した、
"未来の歴史書"。

「サブプライム破綻」「世界金融危機」を予見し的中させ、
「21世紀世界を襲う3つの波」を予測する。

「欧州復興開発銀行」初代総裁にして、経済学者・思想家・作家であり、"ヨーロッパ最高の知性"と称されるジャック・アタリ。本書は、アタリが、長年の政界・経済界での実績、研究と思索の集大成として、「21世紀の歴史」を大胆に見通したものだが、サブプライム問題、世界金融危機を予測しており、世界的な注目を浴びている。サルコジ仏大統領は、本書に感銘を受け"21世紀フランス"変革のための仏大統領諮問委員会「アタリ政策委員会」を設置した。また日本では、本書を基にした特別番組『ジャック・アタリ緊急インタヴュー』が、ＮＨＫ総合で二日連続放映（09年5/4-5）され、話題を呼んだ。

30年後、世界を支配するのは誰か?

ジャック・アタリ

新世界秩序

21世紀の"帝国の攻防"と"世界統治"

山本規雄訳

今後、米中などの帝国の攻防は激化し、ポピュリズム・原理主義が台頭し、パンデミックの発生などにより、世界は無秩序とカオスへと陥る。欧州を代表する知性が、"21世紀の新世界秩序"を大胆に予測する!

19世紀世界はイギリスが支配し、20世紀はアメリカが支配した。では、21世紀は誰が支配するのか? 中国やインドなど新興国か? 国連などの国際機関か? または多国籍企業か? あるいは原理主義か、マフィアか?

本書は、「ヨーロッパを代表する知性」と言われ、ソ連崩壊、世界金融危機、テロの脅威、アメリカでの孤立主義・保護主義化、トランプの大統領当選などを予測してきたジャック・アタリが、今後の世界情勢の見通しをもとに"21世紀の新世界秩序"を大胆に予測・構想した注目の書である。

日本のみなさんへ——ジャック・アタリ

人類の歴史とは、帝国による世界支配の歴史であり、世界秩序の変遷の歴史です。現在、帝国の興亡は激化し、世界秩序は大転換を迎えています。20世紀にアジアの小国から世界の主役となった日本は、いかに21世紀の新世界秩序に対応していくべきか。今こそ、明治維新以来の智慧と決断が求められているでしょう。

カール・マルクス入門

的場昭弘

これ一冊で、
マルクスとマルクス主義をまるごと理解!

マルクスは、どんな本を読んで、何を食べ、どこに住んでいたのか?
などなど、その人となりや、生涯の家族と友人、そして思わず笑って
しまうエピソードや思想を深く豊かに理解するための主要著作案
内を網羅。圧倒的な資料収集と最新の研究成果を反映させたマ
ルクス学の第一人者による決定版入門書。

【付録】エピソード、年表、マルクス一族家系図、文献目録

ジョン・アーリ
モビリティーズ
Mobilities
移動の社会学

吉原直樹・伊藤嘉高 訳

新たな社会科学のパラダイムを切り拓いた
21世紀の〈移動の社会学〉
ついに集大成!

観光、SNS、移民、テロ、モバイル、反乱……
社会科学の〈新たな移動論パラダイム〉によって、
初めて重要な社会現象が分析できることを示したい。

新たな社会科学の古典となる必読書

「アーリは、新たな社会科学のパラダイムを切り拓いている。それは、領域が固定された社会に根ざした社会科学ではなく、移動に根ざした社会科学である。アーリの手によるこの驚異的な著書は、21世紀の社会学を一新する、全系的で創造的な概念空間を生み出している」

ウルリヒ・ベック
(「リスク社会」論で著名な独の社会学者)

「本書は、重要な文献であるとともに、希代な名著でもある。重要な文献であるのは、今や個別化した移動が、先進世界における最も重要な社会的トレンドになっているからだ。そして、名著でもあるのは、本書がそうした移動がいかにして起こっているのかを、明晰に余すところなく、体系的に押さえているからである」

バリー・ウェルマン
(カナダの社会学者)

ジョン・アーリ遺作

「今こそ社会科学は、〈未来〉を考える時である」

〈未来像〉の未来

未来予測と創造の社会学

吉原直樹・高橋雅也・大塚彩美 訳

**新たな社会科学のパラダイムを切り開いてきた
アーリ社会学の
最後の課題は〈未来〉だった!**

「これまで社会学は、〈未来〉を対象とすることから逃げてきた」。だからこそ、アーリが最後に取り組んだのが〈未来〉であった。ランカスター大学に「社会未来像研究所」を立ち上げ、そしてガンに肉体を冒されながら、最後の力をふり絞ってまとめ上げたのが、本書である。
「過去の社会」が描いた「未来の社会」を振り返り、さらに「現在の社会」が求めている「未来の社会」を検証していく。アーリ社会学のレンズを通して探られていくのは、私たちが望む未来を創造していく力であり、創造するためのよりよい方法である。本書は、アーリの遺言であり、未来に希望を託した、まさに"〈未来社会〉の社会学"である。

創造的破壊

グローバル文化経済学とコンテンツ産業

タイラー・コーエン

浜野志保訳

田中秀臣 監訳・解説

自由貿易は、私たちの文化を
根絶やしにするのか?
マーケットとカルチャーは
敵対するのか?

エートスとミネルヴァ・モデル、最小公分母効果、サイズと
臨界質量、文化クラスターの重要性、ブランドの力、若者
の消費行動が決めるカルチャーの「質」など、文化と経
済の関係を知るための必読書! 2011年、世界で重要な
経済学者の1人に選ばれた著者の話題作!

エコノミストの
昼ごはん
コーエン教授のグルメ経済学

タイラー・コーエン

浜野志保訳

田中秀臣 監訳・解説

賢く食べて、格差はなくせる?
スローフードは、地球を救えるのか?
安くて美味い店を見つける、
経済法則とは?

一人、世界中で、買って、食べて、味見して、
見出した孤独なグルメの経済学とその実践!

「もし、きちんとした食事をしたいなら、
コーエンのルールこそが黄金律だ!」

（ウォールストリート・ジャーナル紙）

東アジアの
イノベーション

企業成長を支え、
起業を生む〈エコシステム〉

木村公一朗[編]

「大衆創業、万衆創新」。
第四次産業革命の最先端では、
何が起きているのか?

レノボ、ファーフェイ、アリババ、TikTok、 テンセン
ト……続々誕生するグローバル企業と"ユニコー
ン"たち。「深圳ショック」の実態、北京、台湾、シンガ
ポール等のスタートアップの集積、ベンチャーの
"苗床"ともいうべき〈生態系〉の仕組みと驚異の成
長ぶりを、第一線の研究者たちが報告。